bleu

LES HOMMES DE LA RÉVOLUTION

LAKANAL

PARIS, IMPRIMERIE CHAIX (S.-O.). — 11312-6.

Statue élevée à Lakanal dans la ville de Foix.
(M. Picault, statuaire.)

BIBLIOTHÈQUE FRANÇAISE

LES HOMMES DE LA RÉVOLUTION

LAKANAL

PAR

PAUL LE GENDRE

AVEC UNE PRÉFACE DE

M. PAUL BERT

PARIS
GEORGES MAURICE, LIBRAIRE-ÉDITEUR
4 *bis*, RUE DU CHERCHE-MIDI, 4 *bis*

1886

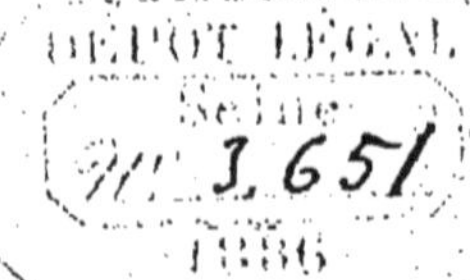

PRÉFACE

Auxerre, le 25 septembre 1881.

Monsieur,

Je vous remercie d'avoir pensé à me demander quelques lignes pour mettre en tête de l'intéressante étude que vous consacrez à Lakanal. Je vois avec joie rendre enfin un solennel hommage à ce simple et sage conventionnel, dont le calme fait contraste au milieu de tant de violences, et qui, sans en recevoir une éclaboussure, et imposant à tous le respect, a traversé un fleuve de sang. « Lakanal, répondit Marat à qui on le dénonçait, travaille trop pour avoir le temps de conspirer. »

Parmi tant de figures plus brillantes et plus glorieuses, si nombreuses dans l'histoire de notre grande Révolution, celle de Lakanal m'a toujours particulièrement attiré. Elle a la douceur dans la force, l'énergie dans la sérénité. On sent que cet austère citoyen n'a jamais connu que la passion du bien, et n'a désiré ni obtenu d'autre récompense que la joie du devoir accompli. Il méprise la violence du langage, et hait celle des actes : aussi, on ne le retrouve pas sous l'Empire baron comme

Jean-Bon Saint-André, ministre comme Fouché, ou sénateur comme tout un troupeau.

En outre de ce sentiment général, mon admiration pour Lakanal a une raison plus spéciale : c'est la sûreté de vue avec laquelle ce jeune homme de trente ans est allé droit à la question vitale chez un peuple souverain, à la question d'instruction publique, d'éducation nationale.

Scrutez un problème social quelconque, d'ordre politique ou d'ordre économique, et au fond de toutes les difficultés, les aggravant ou les créant, vous trouverez l'ignorance des masses populaires. Si le peuple commande, et surtout s'il a perdu confiance dans les classes aisées et instruites, cette ignorance va devenir le plus redoutable des périls. Démocratie sans instruction ne peut amener qu'anarchie et tyrannie. C'est ce qu'ont du premier coup compris les hommes de la Révolution, et c'est ce qui les distingue des philosophes du XVIIIe siècle.

Lakanal a non seulement senti l'urgence et la grandeur de l'œuvre rénovatrice, mais il s'y est consacré tout entier, menant de front avec une merveilleuse activité la démonstration des principes généraux et l'investigation des plus minutieux détails.

Il a vu les choses de si haut que sur beaucoup de points ses rapports et ses projets de loi peuvent encore nous servir de guides. Il y a quelques jours, au banquet que m'ont fait l'honneur insigne de m'offrir les instituteurs de France, j'ai rappelé que, le premier, Lakanal avait réclamé pour eux la qualité de fonctionnaires publics, vraie garantie de leur indépendance. Il allait même plus loin que nous ; car, tandis que nous demandons seulement pour les instituteurs l'avancement *sur place*, il voulait, lui, les traitements aussi élevés dans les campagnes que dans les villes, afin d'amener la véritable égalité de l'instruction. C'est également de ses idées que je me suis inspiré en demandant, dès 1876, la création des Ecoles normales d'institutrices ; car, pour emprunter ses propres expressions, « c'était là le seul moyen avec lequel on » pouvait organiser, sur tous les points de la » République, des écoles de filles où présidera » partout également cet esprit de raison et de » vérité qui doit être l'esprit universel de la » France. »

Si les efforts de ce grand citoyen n'ont pas produit ce qu'il était en droit d'attendre et ce que la nation espérait, la faute n'en est pas à lui. Elle en est au despotisme dévorant de celui qui avait en horreur les idéologues, et qui répondit à Pestalozzi « Est-ce que vous croyez que j'ai le temps de » m'occuper de l'A, B, C ? »

Il n'est pas étonnant que la grandeur du rôle joué par Lakanal ait été si longtemps méconnue. Son nom même, que le peuple aurait dû bénir, était presque complètement ignoré, et ceux qui s'en souvenaient ne voyaient guère en lui que l'organisateur du Muséum d'histoire naturelle. Or, il fut bien autre chose. Votre travail le prouve : aucune partie de l'instruction publique ne resta en dehors de son active intervention. L'amour de l'enseignement populaire ne lui ferma jamais les yeux sur l'importance nationale de la haute culture scientifique, artistique et littéraire ; et c'est sur son rapport que fut créé l'enseignement secondaire.

Voici que la postérité lui rend justice. Il est à regretter que le gouvernement de la République n'ait pas pris l'initiative d'honnours tardivement décernés à ce grand et utile citoyen. Mais enfin ses compatriotes lui élèvent une statue ; vous lui consacrez une excellente étude ; d'autres travaux semblables se préparent ou ont déjà paru

Je suis heureux que vous ayez donné occasion à un respectueux admirateur, et, qu'il me soit permis de le dire avec orgueil, à un disciple de Lakanal, de payer un insuffisant tribut de reconnaissance à celui dont l'exemple est toujours présent à ses yeux.

Paul BERT.

LES HOMMES DE LA RÉVOLUTION

LAKANAL

I

Jeunesse de Lakanal.

Les opinions de sa famille. — Son éducation au séminaire. — Ses années de professorat. — Les élections à la Convention.

Lorsque la Convention nationale se constitua, le 20 septembre 1792, parmi les délégués de l'Ariège on appela le citoyen Joseph Lakanal. Le porteur de ce nom aussi inconnu que sonore paraissait âgé de trente ans environ ; sa tenue était fort simple, mais sa physionomie singulièrement heureuse : des traits réguliers, un vaste front, une abondante chevelure brune, les yeux noirs et brillants d'un enfant du Midi, des dents superbes. De cet ensemble se dégageait, au repos, une expression de fermeté et de gravité, à laquelle succédait, lorsqu'il venait à parler ou à sourire, une vivacité affable et communicative.

Si quelques-uns de ses collègues avaient eu la curiosité

de connaître le passé et les antécédents de ce jeune Ariégeois, voici ce qu'ils auraient appris.

Il était né le 14 juillet 1762 dans le village de Serres, situé à 7 kilomètres de Foix, et appartenait à cette bourgeoisie moyenne, qui fut le plus solide soutien de la Révolution. Le vrai nom de la famille était, dit-on, *Lacanal ;* du moins, c'est ainsi que signaient les trois frères du conventionnel, dont deux habitaient Paris, l'un, jurisconsulte et procureur du roi, l'autre, professeur de physique ; le troisième exerçait la chirurgie dans le pays natal.

Ce n'est certainement pas dans sa famille que notre héros puisa les fermes convictions républicaines dont il fit preuve toute sa vie ; car il nous a lui-même appris que ses frères étaient « plus royalistes que le roi ». Ce fut même pour ne pas être confondu avec eux qu'il modifia légèrement l'orthographe de son nom. D'ailleurs ceux-ci lui rendirent plus tard la pareille avec usure : on raconte qu'après la mort de Louis XVI, pour rompre toute alliance avec un régicide, ils auraient adopté le nom de *Puget*, village des environs de Foix où s'était écoulée leur enfance, reniant ainsi le nom que devait illustrer leur frère.

La rareté des détails que l'on possède sur l'enfance et la jeunesse de notre héros ne nous permet pas de raconter quelques-uns de ces traits frappants dont les biographes se plaisent à émailler les premières années des hommes illustres. On sait seulement qu'il fut un écolier aussi turbulent que bien doué et se faisait remarquer par son étonnante mémoire. Son premier précepteur fut son oncle Bernard Font, curé de Serres, un de ces prêtres aimables, éclairés, tolérants, un peu philosophes même, comme le dix-huitième siècle en compta beaucoup, et qui adoptèrent facilement les principes de la Révolution. Ce brave curé devint d'ailleurs plus tard évêque constitutionnel de Pamiers. Ce fut peut-être lui qui déposa dans l'esprit de son neveu un germe d'idées libérales, que la réflexion, le commerce des écrivains anciens et le souffle révolutionnaire de l'époque devaient si bien faire fructifier.

Quoi qu'il en soit, l'enfant continua ses études chez les pères de la Doctrine chrétienne et fut un excellent élève ; à quinze ans il était déjà latiniste habile, et quand il eut terminé ses humanités, se sentant un goût décidé pour l'enseignement, d'élève il passa maître sous les auspices de la même congrégation. On lui confia successivement plusieurs chaires de grammaire ; il fut régent de cinquième à Lectoure, de quatrième à Moissac, de troisième à Gimont, de seconde à Castelnaudary.

Ses directeurs, désireux de s'attacher par des liens définitifs un professeur aussi dévoué à son état, l'engagèrent à prendre les ordres ; son oncle l'y poussait aussi, et il entra au séminaire de Saint-Magloire. Comme à Daunou, son condisciple, on voulut lui faciliter la voie ecclésiastique, et on lui fit entrevoir sans doute pour l'avenir les plus hautes dignités que l'Eglise réserve à ceux qui la servent.

Se laissa-t-il tenter ? Nous ne saurions le dire ; les témoignages sont contradictoires sur ce point. M. Mignet [1], toujours si exact, nous dit qu'il ne fut jamais « voué à la prêtrise ». Geoffroy-Saint-Hilaire [2] le dit aussi. Pourtant il est difficile de ne pas croire qu'ils se sont trompés, quand on lit cette note écrite, à la date du 20 brumaire an II, par Lakanal lui-même, sur un des calepins autographes que M. Marcus [3] a publiés : « C'est comme plébéien, député du peuple, et non comme prêtre (*je ne l'étais plus*), que j'ai été appelé à l'Assemblée nationale, et il ne me souvient plus d'avoir un autre caractère que celui de député

---

[1] MIGNET, *Eloge historique.*

[2] GEOFFROY SAINT-HILAIRE, *Biographie universelle.*

[3] MARCUS, Lakanal, Foix, 1879.

du peuple. » — A la même époque, envoyant à la Convention une cargaison de « ci-devant calices et de vases autrefois sacrés », il apprend à ses collègues que, pendant une maladie qu'il fit dans sa jeunesse, on profita de sa faiblesse d'esprit et de corps pour lui conférer le sacerdoce ; mais que, malgré les persécutions morales, il n'a jamais sacrifié au mensonge, jamais messé, ni confessé, et que conséquemment il n'a pas, à proprement parler, été prêtre. La députation de l'Ariège atteste les faits (*Bulletin de la Convention, 19 nivôse, an II*).

Peu importe, d'ailleurs, sinon au point de vue de la précision historique, qu'il ait ou non reçu les ordres. Tant et des plus solides champions de la Révolution ne sortaient-ils pas du clergé, Talleyrand, Sieyès, Grégoire, et maint autre ?

En tout cas, il ne renonça pas à l'enseignement ; car nous le retrouvons régent de rhétorique à Périgueux, puis à Bourges ; il avait pris à l'Université d'Angers son titre de docteur ès arts, et en 1785 il professait la philosophie au collège de Moulins.

Que pensait-il à cette époque ? Se préoccupait-il des affaires publiques, et, ressentant le contre-coup du grand mouvement d'opinion qui entraînait vers les réformes sociales tous les esprits éclairés, a-t-il pressenti la révolution gigantesque qui devait éclater quatre ans plus tard et modifier si profondément sa vie, comme elle modifia toutes les existences d'alors ? Il est permis de le croire ; disons mieux, il n'a pu en être autrement. Comme Michelet nous montre « la charmante fille d'un graveur, qui fut Mme Roland, rêveuse à sa croisée du quai de l'Horloge », repassant dans sa mémoire les grands exemples de Plutarque et s'exaltant à lire les pages enflammées de Rousseau, nous aimons, de même, à nous représenter les longues méditations de ce jeune professeur après une lecture de Démosthène ou du *Contrat social.* Il a puisé dans la lecture des grands orateurs d'Athènes et de Rome le culte des institutions républicaines, et dans le *Discours sur les causes de l'inégalité parmi les hommes* la haine d'une aristocratie oppressive.

Les grands exemples de vertu stoïque et d'inébranlable probité que l'antiquité nous a légués, il se sent de force à les imiter ; l'amour de l'humanité qui déborde dans les grands penseurs du XVIIIe siècle, il le partage, il en fera la règle de sa vie. L'influence non-seulement des idées, mais du style même de Rousseau sera sensible dans tout ce qu'il écrira lui-même ; on en trouve comme un écho dans les Rapports pleins d'un chaleureux enthousiasme qu'il lut plus tard à la tribune de la Convention et qui ne manquèrent jamais de convaincre ses collègues. C'était bien aussi un fils de l'antiquité celui qui inscrivait sur le carnet, confident journalier de ses pensées secrètes, des phrases comme celles-ci : « Un législateur ne doit pas rougir des trous, mais des taches de son manteau. » — « Servir la patrie par amour pour elle, et se trouver récompensé alors qu'on l'a servie. » Aussi a-t-on pu dire avec justice qu'il n'était pas né seulement pour faire admirer à ses élèves les vertus antiques, mais qu'il devait les faire revivre en lui.

S'il est vraisemblable que Lakanal avait dès longtemps adopté les principes de la Révolution lorsqu'il fut appelé à en être l'un des champions, il est aussi probable que rien n'avait pu lui faire présager qu'il dût prendre, un jour, une part active aux luttes de la politique.

Comment se fait-il que les suffrages des électeurs de l'Ariège soient allés chercher dans l'ombre du collège où il vivait, ce jeune professeur de philosophie modeste et presque inconnu? Pour s'en étonner, il faudrait ignorer avec quelle sagacité et quelle sagesse furent préparées, dans toute la France de 1792, les élections à la Convention nationale. C'était le suffrage à deux degrés qui fonctionnait alors : des assemblées électorales, composées de délégués de toutes les communes et sérieusement convaincues de l'importance de leur mandat, constituaient des espèces de comités qui surent, par des choix réfléchis et habiles, aller chercher au sein de leur obscurité les hommes de mérite, si modestes qu'ils fussent.

C'est ainsi qu'un jour le directeur d'un séminaire d'Oratoriens, Pierre Daunou, reçut la lettre suivante des électeurs de sa ville natale : « Daunou, des hommes libres savent trouver partout les généreux défenseurs de la liberté et de l'égalité. Depuis longtemps vous aviez des droits à l'estime de vos concitoyens ; ils viennent de trouver un moyen de vous donner des preuves d'une confiance que vous ne démentirez jamais, en vous nommant d'une voix unanime député à la Convention nationale pour le district de Boulogne [1]. » Une lettre analogue vint sans doute surprendre Lakanal au milieu de ses élèves et lui ouvrir une existence nouvelle.

---

[1] MIGNET, *Notices historiques.*

II

Entrée de Lakanal à la Convention.

Pourquoi il s'assit à la Montagne. — Son vote dans le procès du roi. — Le Comité d'Instruction publique. — Répression du Vandalisme.

L'honneur aussi grand qu'imprévu, que lui faisaient ses compatriotes, ne trouva point Lakanal au dessous de la tâche qu'on attendait de lui. Sans doute, il n'avait aucune expérience des choses politiques; mais, en revanche, il n'avait aucun des préjugés qui eussent pu égarer sa conduite; il s'en fia à son jugement pour démêler la vérité de l'erreur au milieu des débats contradictoires auxquels il allait se trouver mêlé, et l'amour du bien public, dont il se sentait possédé, lui fit espérer tenir sa place aussi dignement et aussi utilement qu'un autre dans la grande Assemblée révolutionnaire.

Tout d'abord, il lui fallut se reconnaître au milieu des partis qui divisaient la Convention en deux camps déjà si tranchés et destinés à être bientôt hostiles.

Peut-être va-t-il, lui, l'homme du Midi, sensible aux charmes d'une éloquente parole, se joindre à la brillante phalange des orateurs de la *Gironde !* Non, il sait les apprécier ; mais, tout en leur rendant pleine justice, il sent que ces harmonieux charmeurs ne sont pas de taille à mener les affaires dans d'aussi terribles circonstances. « Ces hommes estimables, a-t-il dit, se distinguaient par leurs talents, leur urbanité, mais ils n'auraient pas sauve la France dans l'état de crise où elle était, s'ils avaient eu le pouvoir en main. Ce n'était ni les talents oratoires, ni les qualités sociales qu'il fallait opposer à un ennemi furieux. Rappelons le manifeste exterminateur du duc de Brunswick. Il fallait opposer à un ennemi ivre de colère le courage et l'audace, et ces qualités se trouvaient éminemment réunies dans le parti opposé à la Gironde... »

Il alla donc s'asseoir dans les rangs de la *Montagne*. D'ailleurs, il eut peu de part aux luttes intestines qui ne tardèrent pas à se déchaîner au sein de la Convention ; il fut du grand nombre de ces hommes utiles qui travaillèrent sans relâche, dans le silence des commissions, à préparer les réformes urgentes par lesquelles devaient être à tout jamais effacés les abus de l'ancien régime, pour les faire ensuite voter par leurs collègues pendant les trop rares accalmies qui entrecoupèrent la tourmente politique. Jamais pourtant il ne se laissa entraîner, — comme ces représentants qui formaient la *Plaine* ou le *Marais* — à voter au hasard des influences du moment.

Il pesa toujours avec gravité la portée de ses votes ; mais jamais il ne mit plus de conscience à démêler son devoir que lorsqu'il fallut prononcer sur le sort du roi. A la fin du procès, lorsqu'on fit l'appel nominal et que son tour vint de parler, il s'exprima ainsi, en portant la main sur son cœur : « Un vrai républicain parle peu ; les motifs de ma décision sont là ; je vote pour la mort. » Il rejeta même le sursis et l'appel au peuple en des termes qui peuvent paraître injustes aujourd'hui, au moins à l'égard de Lafayette, mais qui traduisaient alors fidèlement l'opinion générale des patriotes : « Si le traître Bouillé, si le fourbe Lafayette et les intrigants, ses complices, votaient sur cette question, ils diraient : oui ; comme je n'ai rien de commun avec ces gens-là, je dis : non. »

M. Migne, qui n'est point suspect d'indulgence pour le régicide, a rendu pleine justice à l'élévation et à l'honnêteté des motifs qui déterminèrent sa résolution. « ...Il regardait l'autorité monarchique comme une inconséquence aux yeux de la raison et comme un attentat envers le peuple ; il en vota l'abolition. Le malheureux Louis XVI lui parut coupable parce qu'il avait été roi, et traître envers la Révolution pour en avoir réprouvé quelques entreprises ou pour l'avoir sourdement menacée, bien qu'il l'eût si faiblement combattue ; et il vota sa mort. »

D'ailleurs, à nos yeux, Lakanal n'a pas besoin d'excuse ; le roi qui, après avoir accepté la Constitution, la trahissait de concert avec les émigrés, le Français qui, en temps de guerre, entretenait des intelligences avec l'étranger, avait mérité le châtiment réservé chez tous les peuples au crime de haute trahison. Les représentants du pays, en appliquant la peine, accomplirent un devoir rigoureux sans doute, mais un devoir incontestable. *Dura lex, sed lex.*

Aussi bien, Lakanal s'est-il toujours défendu avec indignation d'avoir cédé en cette circonstance à la peur des exaltés du dehors et du dedans. « La peur et la Convention ! Jamais on n'associera ces deux mots », a-t-il dit et a-t-on répété après lui avec raison. Quarante ans plus tard il ne regrettait pas d'avoir pris part à ce terrible jugement et il écrivait dans ses notes manuscrites : « L'histoire qui n'attend aucune indemnité pour prix de ses pleurs et de ses expiations, l'histoire impartiale ne flétrira pas les 460 jurés qui votèrent la mort. Ce grand nombre de votants garantit la conscience de tous. Trois hommes assis sur une estrade, poussés par l'instinct du sang, peuvent faire tomber la tête d'un accusé avec une horrible passion ; mais on ne pourra jamais démontrer qu'il se soit trouvé 460 juges, élus de la France entière, parfaitement unis dans cette communauté d'instincts sanguinaires. »

Le rôle purement politique de Lakanal fut effacé ; il se sentait appelé à diriger dans un autre sens sa puissance de travail : il avait appris jusque là à enseigner, c'est d'enseignement qu'il résolut de s'occuper. Lui-même il s'était tracé sa voie : « Servir mon pays en défendant la cause » des lettres, sauver les sciences et ceux qui les honoraient » par leurs travaux, combattre le vandalisme en provo- » quant l'établissement d'institutions consacrées à l'instruc- » tion publique, voilà la mission toute spéciale que je » m'étais assignée. » Nous allons voir avec quelle fidélité il se tint parole.

L'établissement du Comité d'Instruction publique, que la Convention décréta le 2 octobre 1792, vint à propos fournir au jeune représentant le moyen de travailler fructueusement à l'accomplissement de ses généreux desseins. Ce Comité, qui n'a pas déployé moins d'activité que l'immortel Comité de Salut public, a exercé une telle influence sur le développement des sciences dans notre pays que nous croyons utile de donner quelques détails sur son organisation.

Il se divisa lui-même en treize sections qui se partagèrent ainsi la besogne :

1re sect. Organisation générale de l'instruction publique. Examen des ouvrages élémentaires.
2e — Education morale. Régime intérieur des établissements publics et particuliers.
3e — Education physique.
4e — Education des femmes.
5e — Education des orphelins, aveugles-nés et sourds-muets.
6e — Ecoles d'industrie.
7e — Voyageurs, bibliothèques, musées, collections. Mode d'enseignement à tous les degrés et dans les lieux où la langue française est peu usitée.
8e — Examens, prix et encouragements, brevets d'invention, bureau d'administration du commerce, etc.
9e — Fêtes nationales.

10e sect. Elections aux places vacantes, formation de la Société nationale (Institut), et tous les degrés de l'enseignement.
11e — Traitements et pensions de retraite; bourses attachées aux établissements de l'ancien régime.
12e — Bibliographie. — Catalogue général de toutes les richesses littéraires de la République.
13e — Travail particulier sur la valeur et les produits des biens dépendant des établissements d'instruction publique.

Les membres furent d'abord au nombre de 26, parmi lesquels siégèrent, pour ne citer que les plus connus, David, Guyton-Morveau, Fourcroy, Arbogast, Coupé (de l'Oise), Romme, Thomas Lindet, Grégoire, Clootz, Léonard Bourdon, etc. Notre jeune professeur de trente ans, qui en fit partie de prime-abord, se trouva placé ainsi au milieu d'hommes dont la notoriété et la compétence étaient grandes; il sut pourtant se distinguer si rapidement par son intelligence et son activité que, peu de semaines après, Grégoire le proclamait la cheville ouvrière du Comité. Il en fut bientôt élu président à l'unanimité, puis sans cesse réélu, et ne cessa d'y paraître que dans les courtes absences qu'il fit comme représentant délégué en missions.

Après quelques mois consacrés à l'étude des questions capitales qui s'imposaient à son attention, Lakanal, fort de l'appui de ses collègues, vint successivement, et à de très courts intervalles, proposer à la Convention l'adoption de plusieurs mesures par lesquelles il se révéla l'un des plus zélés défenseurs des intérêts de l'esprit humain.

Voici quelle fut la première circonstance dans laquelle il put donner carrière à sa généreuse initiative. Au cours d'une mission dont il avait été chargé au commencement de l'année 1793, il avait, en parcourant les départements de Seine-et-Marne et de Seine-et-Oise, constaté avec indignation que des monuments remarquables de l'architecture féodale et religieuse avaient subi d'irréparables mutilations, de la part de paysans aveuglés par un fanatisme ignorant ou assoiffés de pillage et de destruction.

Pendant la tempête, le limon s'élève à la surface des flots : dans tous les pays, aux heures de troubles politiques où la loi forcément sommeille, on voit apparaître une tourbe de malfaiteurs qu'enhardit la certitude de l'impunité. Ce sont ces gens sans aveu qui déshonorent par leurs excès les plus nobles mouvements populaires, au milieu desquels ils espèrent trouver la satisfaction de leurs appétits ; et toujours le parti de la réaction, avec une mauvaise foi calculée, s'est efforcé de faire rejaillir sur la Révolution tout entière les crimes de quelques misérables.

Pour mettre un terme à ces déprédations qu'il déplorait, Lakanal vint présenter à la Convention, au commencement de juin 1793, un rapport où, pour la première fois peut-être, fut prononcé ce mot de *vandalisme* qui devait reparaître si souvent plus tard dans les écrits des partis les plus opposés.

« Des chefs-d'œuvre sans prix, s'écriait-il, sont chaque jour brisés et mutilés ; les arts pleurent des pertes irréparables. Il est temps que la Convention arrête ces funestes excès. »

La Convention se hâta d'adopter les conclusions rigoureuses du rapporteur, et le décret du 4 juin édicta « *la peine de deux ans de fers contre quiconque dégraderait les monuments des arts dépendant des propriétés nationales.* »

Dès lors, avec un zèle infatigable, chaque fois que les circonstances le réclamèrent, le jeune législateur reparut à la tribune, un rapport à la main, et put faire partager à l'Assemblée son enthousiasme pour le bien public.

Examinons chronologiquement les étapes de cette pacifique campagne, aussi glorieuse que celle de Bonaparte en Italie.

III

Fondations dues à l'initiative de Lakanal.

§ 1. — Historique du Jardin des Plantes. — Création du Muséum et de la Ménagerie.

Le 10 juin 1793, Lakanal sauve le Jardin des Plantes et obtient la création du Muséum. — Le premier de ces établissements avait été fondé sous Louis XIII, grâce à l'initiative de Guy de la Brosse, son médecin, « pour faire aux Escholiers la démonstration de l'intérieur des plantes et de tous les médicaments et pour travailler à la composition de toutes sortes de drogues par voie simple et chimique ». Fidèles aux intentions du fondateur qui avait voulu « qu'en un cabinet de ladite maison fût gardé un échantillon de toutes les choses rares en la nature », d'illustres naturalistes qui se succédèrent dans le *Jardin du Roi* y accumulèrent peu à peu de véritables trésors scientifiques.

Il s'y était pourtant bien passé quelques abus, si l'anecdote suivante est vraie : « Un jour Colbert, raconte Lemontey, se transporte au Jardin du Roi et reconnaît que le terrain destiné aux cultures botaniques a été planté de vignes à l'usage des administrateurs de l'établissement. Sa colère éclate contre un abus si effronté : il ordonne que la vigne soit à l'instant détruite, et, se faisant apporter une pioche, il en commence, lui-même, l'arrachement avec une véhémence toute patriotique. »

Le XVIIIe siècle manifesta pour la nature un goût tout particulier. Nous n'oserions pas dire que les contemporains de Rousseau lurent avec autant de plaisir les *Promenades d'un solitaire* que l'*Emile* ou que la *Nouvelle Héloïse*; le paradoxe serait flagrant. Mais il est certain que, si Jean-Jacques porta dans le sentiment des charmes agrestes une émotion plus profonde et plus sincère que les gens de son temps, beaucoup de ses lecteurs n'étaient pas éloignés de comprendre et de partager son admiration pour la nature.

Tandis que, sous la haute direction et grâce à l'influence européenne de Buffon, de savants naturalistes, Daubenton, Lacépède, Guéneau de Montbéliard collaboraient à la rédaction des *Epoques de la nature* en formant des collections de minéralogie et de zoologie, trois professeurs attachés au Jardin du Roi pour enseigner la botanique, la chimie et l'anatomie, voyaient souvent dans leur auditoire de nombreux gentilshommes désœuvrés. La mode des choses champêtres, popularisée par les écrivains et les peintres, se répandait dans toutes les classes de la société; reines et favorites trouvaient charmant de se déguiser en bergères, et l'on pouvait apercevoir à Versailles

> Comme à l'Ermitage,
> La rondelette Dubarry
> Courir, en buvant du laitage,
> Pieds nus, sur le gazon fleuri.

Mais, comme toute mode, cet engouement pour la nature n'allait pas jusqu'à vouloir en approfondir les secrets; un vernis d'histoire naturelle suffisait au monde élégant, on se contentait de connaître les animaux par les pompeuses descriptions du châtelain de Montbars, et le premier des trois règnes n'était représenté au Jardin du Roi par aucun échantillon vivant. La nature morte, fossile ou empaillée, avait seule pu y trouver place.

D'ailleurs, l'emplacement même aurait manqué pour une organisation plus vaste : l'établissement ne comprenait que le terrain aujourd'hui consacré spécialement à la culture des plantes et l'endroit qu'on appelle encore le labyrinthe. Versailles possédait bien, depuis Louis XIV, une ménagerie ; Saint-Simon en parle, et la montre « garnie de toutes sortes d'espèces de bêtes, à deux et quatre pieds, les plus rares ». Mais c'était là luxe de prince, et il fallut la Révolution pour que les enfants du peuple pussent se faire, par leurs propres yeux, une idée exacte d'un lion ou d'un rhinocéros.

En juillet 1792, la direction du Jardin des Plantes avait été confiée à un homme, qui, sans être naturaliste, avait cependant consacré sa plume à la description des *Tableaux de la Nature*. Le doux Bernardin de Saint-Pierre venait d'initier l'Europe aux splendeurs du Nouveau-Monde, en faisant se dérouler sous le ciel des tropiques l'adorable idylle de *Paul et Virginie*. C'est à lui que revient le mérite d'avoir réclamé le premier l'établissement d'une ménagerie publique à Paris.

Lorsque, après le 10 août, le château de Versailles avait été abandonné, les pauvres bêtes qui avaient si longtemps servi à distraire le désœuvrement de la cour, furent laissées sans nourriture et la plupart moururent de faim, Bernardin de Saint-Pierre adressa à la Convention un mémoire pour obtenir la translation à Paris des quelques animaux survivants.

Il profita de la circonstance pour intéresser les législateurs à la triste situation du Jardin que la Commune de Paris voulait, a-t-on prétendu, transformer en un champ de pommes de terre. « Ce n'est pas à ma voix, leur disait-il, que vous devez vous rendre, c'est à celle du peuple.

De tous les établissements nationaux, celui du Jardin des Plantes est le seul qu'il ait respecté parce qu'il est seul à son usage, qu'on y donne des herbes médicinales à ses maux et que c'est là que viennent s'instruire les savants qui doivent les soulager. »

Cependant le danger pressait ; les employés n'étaient plus payés et la désorganisation menaçait d'être irréparable. Lakanal sauva la situation. Mis au courant des nécessités les plus urgentes par les communications de Daubenton, Thouin et Desfontaines, en une nuit il rédigea un rapport qui fut lu à la Convention, le 10 juin 1793. Non content de pourvoir au plus pressé, Lakanal proposait un plan complet de réorganisation qui permît non seulement de consacrer l'enseignement existant, mais de le compléter. Il faut lire en entier ce rapport, curieux échantillon de la littérature de l'époque. Sans doute on voudrait y rencontrer moins d'emphase, un goût plus sévère dans le choix des ornements de style ; mais, à côté de ces défauts, que nous signalons une fois pour toutes et sur lesquels il serait puéril d'insister, on sera frappé de certaines expressions dont la réelle grandeur affirme le lecteur assidu de Jean-Jacques Rousseau.

RAPPORT.

De tous les monuments élevés par la munificence des nations à la gloire des sciences naturelles, aucun n'a mieux mérité l'attention des législateurs que le Jardin des Plantes.

C'est à cet établissement que la France a dû plusieurs des grands hommes qui ont fait l'ornement de leur patrie, Fagon, Winslow, Tournefort, les Jussieu, Daubenton, et Buffon qui, par les vues philosophiques et les images sublimes répandues dans ses ouvrages, a si bien préparé les esprits aux grandes idées de liberté et de régénération.

Le livre immense de la nature est en quelque sorte ouvert

au Jardin des Plantes; ses pages réfléchissent de toutes parts les richesses des trois règnes.

Ici, c'est la famille des animaux, depuis l'oiseau timide qui confie sa postérité au frêle arbrisseau, jusqu'au tyran de l'air qui s'écarte pour la déposer sur la roche sauvage où le chêne a vieilli.

Là, les peuples végétaux, depuis la plante fugitive qui se dérobe aux regards le long des torrents, au faîte des montagnes, jusqu'à la rose prodigue qui embaume nos jardins.

Ailleurs, les créations minérales, depuis la lave que les volcans ont *élancée* (sic) naguère de leurs entrailles, jusqu'aux débris des montagnes témoins des premiers jours du monde.

Des serres chaudes protègent les végétaux délicats des tropiques, et, déjà, la collection des plantes vivantes est composée de plus de 6,000 espèces, pendant que l'on conserve dans des herbiers presque toutes les plantes connues au nombre de plus de 20,000, et que l'on possède un assortiment très étendu des différentes parties des végétaux qui peuvent donner des lumières sur leur organisation, leur amélioration et le traitement de leurs maladies.

C'est dans ce jardin national qu'ont été faites les premières plantations du cèdre du Liban, de plusieurs espèces d'érables, de platanes, de chênes d'Amérique et de beaucoup d'autres arbres qui embellissent nos départements.

Les plantations considérables des grands arbres exotiques, mais naturels à des climats analogues à ceux de nos départements, sont destinés à porter des graines qui fertiliseront les vastes terrains encore incultes où les arbres indigènes ne peuvent croître; elles dispenseront, un jour, de payer des tributs annuels et considérables aux nations du Nord pour l'achat des bois de construction navale.

Le jardin des Plantes fournit, tous les ans, aux divers déparments de la République des graines et des plantes, quelquefois jusqu'au nombre de 12,000 espèces.

Les Académies, Sociétés littéraires ou Facultés de médecine, établies dans les différentes parties de la France, ont formé des Jardins de botanique avec les produits de la culture du Jardin des Plantes

Les premiers cafés qui furent transportés à la Martinique furent tirés de ce Jardin, et c'est à cet établissement que la France, et particulièrement nos départements maritimes, sont redevables d'une branche de commerce de la plus haute importance.

Des connaissances utiles pourraient échapper, malgré l'avantage des rapprochements, à ceux qui commencent à étudier la nature des savants, consacrés à l'instruction publique, exposent aux yeux des citoyens tous les objets utiles aux progrès des sciences naturelles, et suppléent à ce qu'on n'a pu écrire su il'agriculture, le commerce et les arts.

Et ce ne sont pas seulement les citoyens français qu'on admet aux différents cours donnés au Jardin des Plantes; les étrangers y forment une partie considérable des auditeurs; il n'est pas rare de trouver parmi eux des Péruviens, des Brésiliens, des Anglo-Américains et même des Asiatiques que l'étude de l'histoire naturelle attire et retient pendant très longtemps en France; l'établissement du Jardin des Plantes n'augmente-t-il pas ainsi la prépondérance et la gloire de la nation par un des moyens politiques les plus nobles et souvent les plus avantageux?

Pour que les connaissances naturelles puissent s'accroître par tous les moyens de comparaison, des cours d'anatomie achèvent de montrer la conformation et les rapports intérieurs de l'homme et des animaux, dont les dépouilles sont renfermées dans le cabinet, pendant que des cours de chimie apprennent quels peuvent être les principes constituants des végétaux et des minéraux.

Il viendra sans doute un temps où on élèvera au Jardin National les espèces de quadrupèdes, d'oiseaux et d'autres animaux étrangers qui peuvent s'acclimater sur le sol de la France et lui procurer ainsi de nouvelles richesses. Vous n'apprendrez pas sans étonnement que le Jardin des Plantes et le cabinet d'histoire naturelle ont été près d'un siècle sans règlements fixes, sans lois précises; que des savants, égaux aux yeux de l'Europe lettrée, sont inégalement traités, qu'ils n'ont pas le droit de se choisir des coopérateurs, ou plutôt, d'être l'écho de l'opinion publique pour appeler auprès d'eux les hommes les plus distingués par leurs lumières.

Il suffira de vous montrer les abus pour que vous les enleviez de leurs antiques racines : l'arbre de la liberté serait-il le seul qui ne pût pas être naturalisé au Jardin des Plantes?

Le projet de décret annexé à ce rapport comprenait la création de douze chaires où seraient enseignés la minéralogie, la chimie théorique et appliquée, la botanique théorique et pratique, la culture, l'anatomie de l'homme et des animaux, la géologie, enfin l'art de reproduire par le dessin les formes et les couleurs des animaux et des plantes.

Les professeurs nommés devaient constituer une sorte de république savante, s'administrant elle-même.

L'établissement sera nommé, à l'avenir, Muséum d'histoire naturelle, disait le titre Ier du projet de loi.

Son but sera l'enseignement de l'histoire naturelle dans toute son étendue.

Tous les officiers du Muséum porteront le titre de professeurs et jouiront des mêmes droits.

La place d'intendant sera supprimée et le traitement attaché à cette place sera également réparti entre les professeurs.

Les professeurs nommeront chaque année au scrutin un directeur et un trésorier ; le directeur ne pourra, après l'expiration de l'année, être continué que pour un an ; il présidera l'assemblée et sera chargé de faire exécuter les délibérations.

Lorsqu'une place de professeur sera vacante, les autres professeurs y nommeront le savant qu'ils jugeront le plus propre à la remplir.

Nous avons tenu à citer toutes ces dispositions pour en faire apprécier la sagesse et le libéralisme, qui sont comme le cachet de toutes les fondations de cette grande époque et dont l'honneur doit revenir à Lakanal qui les inspira.

Le jour même où le rapport fut lu à la Convention, celle-ci l'adopta ; et il convient de faire remarquer avec quelle activité dévorante cette merveilleuse Assemblée s'occupait de tout ce qui concernait la grandeur du pays. A quel moment trouvait-elle le calme nécessaire pour discuter une création scientifique ? A l'heure même où son attention paraissait devoir être uniquement captivée par la plus terrible crise politique ; les frontières de l'Est et du Nord envahies par l'étranger, soixante départements agités par la guerre civile, la Vendée victorieuse ne pouvaient empêcher nos héroïques législateurs de s'intéresser aux travaux du Comité d'Instruction publique et de les consacrer par un vote éclairé.

Moins d'un mois après, les professeurs nommés — (et quels professeurs ! Daubenton, Fourcroy, Brongniart, de Jussieu, Portal, Lamarck, Geoffroy Saint-Hilaire, le peintre de fleurs Van Spaendonck, etc.) — étaient réunis et tra vaillaient, avec l'émulation la plus louable, à organiser les collections, à inaugurer leurs chaires, à ouvrir la Bibliothèque.

La formation de la *Ménagerie* se fit d'une manière assez curieuse. Le 4 novembre de la même année, le jeune professeur de zoologie, Geoffroy Saint-Hilaire, occupé dans son cabinet à quelques recherches, fut distrait de son travail par l'annonce d'une singulière visite. Un ours blanc, une panthère et d'autres animaux enfermés dans des cages, venaient réclamer l'hospitalité du Muséum ; peu après ils étaient rejoints par deux autres convois, l'un composé d'un second ours blanc et de deux singes mandrilles, l'autre d'un chat tigre, de doux aigles et d'autres oiseaux ; ces trois ménageries ambulantes venaient d'être saisies par ordre de la police qui, dans l'intérêt de la circulation et de la sécurité publique, avait interdit toute exhibition d'animaux vivants. Ces intéressants visiteurs étaient accompagnés de leurs propriétaires, réclamant une indemnité pour le détriment que cette confiscation leur causait.

L'occasion était évidemment excellente pour former le noyau de la Ménagerie, mais l'argent manquait pour nourrir et loger de pareils hôtes. Que faire ? — S'adresser à Lakanal ; Geoffroy Saint-Hilaire n'y manque pas. En attendant, il commande de ranger les cages les unes près des autres sous ses fenêtres, retient les propriétaires comme gardiens avec promesse de les nourrir et de les indemniser. Lakanal, continuant son rôle de providence, se rend à la Convention et obtient facilement les subsides nécessaires.

Les survivants de la Ménagerie de Versailles sont alors transportés à Paris : il n'en restait plus que quatre, d'après une note trouvée dans les papiers du Comité : « Un lion, un couagga (ou zèbre), un bubale et un chien, ami du lion (*sic*). » Des cerfs et des chevreuils pris au Raincy, deux dromadaires ayant appartenu au prince de Ligne, complétèrent la famille zoologique qui s'accrut encore en 1795 du cabinet du Stathouder, précédé de deux éléphants mâle et femelle, l'honneur de la Ménagerie hollandaise. Hélas ! en 1798, les pauvres bêtes eurent à traverser de mauvais jours ; la détresse des finances eut comme contre-coup la disette au Muséum, à tel point que le surveillant reçut, suivant Deleuze, l'ordre de sacrifier les animaux les moins utiles pour nourrir les autres. L'hyène vécut un jour de gazelle, et le chacal mangea un faisan.

Mais revenons à Lakanal. Grâce à lui, les professeurs virent leurs appointements portés de 2,880 livres à 5,000; une treizième chaire (reptiles et poissons) était créée et confiée à Lacépède ; de nouveaux terrains étaient annexés aux anciens, et l'idée, conçue par les professeurs, de donner une publicité étendue à leur enseignement par la création d'un journal, recevait l'approbation du Comité d'Instruction publique.

Tant de bienfaits ne trouvèrent pas un seul ingrat parmi les professeurs du Muséum, qui témoignèrent hautement à Lakanal leur reconnaissance. « Vous êtes le second fondateur, lui écrivaient-ils dans une lettre collective (11 nivôse an II), et nous ne perdrons jamais de vue les services importants que vous nous avez rendus. »

Chacun d'eux fut dès lors un ami pour Lakanal ; afin d'aller s'entretenir avec eux de leurs besoins et de leurs travaux, il quittait souvent le modeste réduit qu'il habitait au milieu des jardins de la rue des Fossés-Saint-Marcel. L'administration des douze professeurs arrêta même qu'il lui serait offert une clef spéciale du Jardin, de l'Ecole de botanique et des serres, afin qu'il pût venir à toute heure, suivant sa fantaisie, se reposer à la vue des plantes, et presque dans la paix des champs, des fatigues du Comité et des orages de la Convention.

Il est consolant de constater, à l'honneur des savants, que

jamais l'expression de leur reconnaissance ne s'affaiblit, même lorsqu'elle pouvait devenir dangereuse pour des hommes en place.

Trente ans après, en pleine Restauration, alors qu'exilé comme *régicide* il habitait aux Etats-Unis, Lakanal reçut un exemplaire de l'*Histoire du Muséum* récemment publiée par Deleuze ; on peut se figurer l'émotion profonde et la fierté légitime avec laquelle il lut, sur la première page, cette suscription qui venait le consoler dans son exil.

A M. LAKANAL,

Pour le remercier du décret du 10 *Juin* 1793.

Offert par les professeurs du Muséum d'histoire naturelle soussignés,

VAUQUELIN, THOUIN, DESFONTAINES, GEOFFROY SAINT-HILAIRE, LATREILLE, CUVIER, LAUGIER CORDIER, JUSSIEU, LAMARCK, BRONGNIART, LACÉPÈDE.

Paris, 10 juin 1823.

§ 2. Défense de la propriété littéraire et artistique.

Quiconque a un peu pratiqué les écrivains du XVIIIe siècle n'a qu'à se souvenir des plaintes continuelles qu'ils exhalent sur l'impossibilité de vivre de leur plume et de défendre la propriété de leurs ouvrages contre les plagiaires, les traducteurs et les libraires contrefacteurs de la France et de l'étranger, pour apprécier l'étendue du service rendu à la cause des lettres par l'homme qui fit, désormais, reconnaître comme un droit absolu et imprescriptible la *propriété littéraire*. C'est encore à Lakanal que revient l'honneur de cet acte de justice.

Avant la Révolution, pour tout auteur que le hasard de la naissance n'avait pas doté d'un patrimoine, il était indispensable de trouver un protecteur, un Mécène quelconque qui fît pleuvoir sur lui la manne bienfaisante des pensions ; et on comprend tout ce que la dépendance forcée du protégé devait enlever de franchise à sa plume et de fierté à sa pensée. Théoriquement, les droits des auteurs et de leur postérité avaient bien été constatés par un arrêt du Conseil en 1777. Mais cette constatation toute platonique de droits mal définis, que nulle sanction légale ne sauvegardait, était restée absolument illusoire dans la pratique, et n'avait pu émanciper l'homme de lettres de la tutelle capricieuse des grands de ce monde.

Lakanal, en juillet 1793, exposait devant la Convention l'état de la question, faisait toucher du doigt les tristesses de la situation actuelle. A son esprit s'offraient en foule les exemples tirés du martyrologe lamentable des grands hommes tourmentés par la pauvreté — depuis le grand Corneille, vieilli, oublié par son roi, jusqu'à Jean-Jacques obligé de copier de la musique pour payer le pain de chaque jour.

Il montra « des pirates littéraires s'emparant des productions du génie et l'auteur ne marchant à l'immortalité qu'à travers les horreurs de la misère ». Pourtant, « de toutes les propriétés, la moins susceptible de contestation, celle dont l'accroissement ne peut ni blesser l'égalité républicaine, ni donner d'ombrage à la liberté, c'est, sans contredit, celle des productions du génie ; et si quelque chose doit étonner, c'est qu'il ait fallu reconnaître cette propriété, assurer son libre exercice par une loi positive ; c'est qu'une aussi grande Révolution que la nôtre ait été nécessaire pour nous ramener sur ce point, comme sur tant d'autres, aux simples éléments de la justice la plus commune. »

L'Assemblée Constituante, faisant droit aux instances de Beaumarchais, qui depuis 1775 menait une active campagne sur ce sujet, avait bien, par la loi du 13 janvier 1791, arraché les écrivains à la tyrannie des comédiens, en assurant aux *auteurs dramatiques* la propriété de leurs œuvres comme à leurs héritiers *pendant cinq ans*. Mais il fallait une réparation plus complète à la justice depuis si longtemps violée, et bien autrement large fut la loi du 19 juillet 1793 : par elle la Convention décrétait que « les auteurs d'écrits *en tous genres*, les compositeurs de musique, les peintres et graveurs jouiraient durant *leur vie entière* du droit exclusif de vendre, faire vendre, distribuer leurs ouvrages dans le territoire de la République et d'en céder la propriété en tout ou en partie. Les héritiers devaient jouir des mêmes droits pendant dix ans. »

Lakanal avait encore une fois fait triompher la bonne cause en obtenant cette *déclaration des droits du génie et de l'intelligence*, complément indispensable de la *déclaration des droits de l'homme et du citoyen*.

§ 3. Rétablissement de la première ligne télégraphique

Fontenelle raconte dans l'Eloge d'Amontons, membre de l'Académie des sciences, que « par un jeu d'esprit, mais du moins très ingénieux », ce savant avait inventé « de » faire savoir tout ce qu'on voudrait à une très grande » distance, par exemple de Paris à Rome, en très peu de » temps, comme en trois ou quatre heures et même sans » que la nouvelle fût sue dans tout l'espace d'entre- » deux. » L'expérience, qui reposait sur la transmission de signaux conventionnels, faite dans le jardin du Luxembourg devant la cour de Louis XIV, était tombée dans l'oubli.

Claude Chappe avait repris cette idée vers 1790 et proposé à l'Assemblée législative la création d'un service télégraphique. Le projet rejeté, ou plutôt ajourné, dormait dans les cartons du Comité d'instruction publique lorsqu'il eut la bonne fortune d'être exhumé par Lakanal qui, malgré les doutes de Daunou et de Cambon, fut d'accord avec Romme pour présenter un rapport favorable sur l'invention nouvelle.

Des lettres du malheureux Chappe, qui tremblait à chaque instant de voir ses plans rejetés de nouveau, nous mettent au courant des services que lui rendit Lakanal en cette circonstance.

« Il me semble, lui écrit-il un jour, que le citoyen Daunou met bien peu d'importance à mon système... Je n'en persiste pas moins dans la ferme persuasion que ce serait un établissement de la plus grande utilité... Si vous n'étiez point là, je désespérerais entièrement du succès. Mais vous lèverez tous les obstacles qu'oppose le

Comité des Finances, si peu favorable à tout ce qui intéresse les sciences et les lettres : j'espère fortement en vous et n'espère qu'en vous. »

Une autre fois, Chappe lui écrivait en déplorant la répugnance que Daunou et Arbogast manifestaient pour son invention :

« Comment n'ont-ils pas été frappés de l'idée ingénieuse que vous avez développée hier au Comité et à laquelle je n'avais pas songé ? L'établissement du télégraphe est, en effet, la meilleure réponse aux publicistes qui pensent que la France est trop étendue pour former une république. Le télégraphe abrège les distances et réunit, en quelque sorte, une immense population sur un seul point. Il y a longtemps que, rebuté de toutes parts, j'aurais abandonné mon projet, si vous ne l'aviez pris sous votre protection. »

Pourtant l'insistance de Lakanal auprès de ses collègues finit par les convaincre. Bientôt la Convention vota une somme de 6,000 francs pour les premiers essais ; ils se firent le 12 juillet 1793 en présence des commissaires Daunou, Arbogast et Lakanal. Trois postes avaient été établis, le premier à Ménilmontant, le second à Ecouen, le troisième à Saint-Martin-du-Tertre, à 35 kilomètres de Paris (près de Luzarches). Les expériences durèrent trois jours et réussirent parfaitement. Le temps employé pour la transmission et la révision de chaque signal: d'un poste à l'autre, était de 20 secondes en moyenne. Dans 11 minutes 40 secondes la transmission d'une dépêche ordinaire pouvait se faire de Valenciennes à Paris. Aussi, le 25 juillet, la Convention prescrivait-elle la construction d'une série de postes télégraphiques, entre la capitale et la frontière du Nord[1].

---

[1] *Description de l'appareil de Chappe.*

Le télégraphe est composé d'un châssis ou régulateur qui

Chappe, nommé « ingénieur-télégraphe » et chargé avec ses deux frères d'organiser le nouveau service, écrivait à Lakanal : « Grâces vous soient rendues ! Vous avez triomphé de tous les obstacles ; que dis-je, vous les avez transformés en moyens !... Je prie mon créateur de recevoir l'hommage de sa créature. »

Trente-six jours après, Carnot paraissait à la tribune, un papier à la main : « Citoyens, s'écria celui qu'on a justement nommé l'*organisateur de la victoire*, nous apprenons à l'instant par le télégraphe que Condé est res-

forme un parallélogramme très allongé. Il est garni de lames à la manière des persiennes. Ces lames sont en cuivre surargenté et bruni. Elles sont inclinées de manière à pouvoir réfléchir horizontalement la lumière de l'atmosphère.

Le régulateur est ajusté par son centre sur un axe dont les deux extrémités reposent sur des coussins en cuivre fixés au bout de deux moutons.

Ce régulateur, mobile sur son axe, supporte deux ailes dont le développement s'effectue en sens inverse.

Quatre fanaux sont suspendus aux extrémités et y sont fixés et lestés de manière à affecter toujours la perpendiculaire.

Ces fanaux servent à la correspondance de nuit. Le mécanisme est tel que la manœuvre s'en fait sans peine et avec célérité, au moyen de certains moulinets établis à des distances convenables.

Un petit télégraphe ou répétiteur, placé sous les yeux des manipulateurs, exécute tous les mouvements de la grande machine.

Le télégraphe ambulant est établi sur un chariot; son mécanisme est à quelque chose près celui du télégraphe stationnaire; il en diffère dans les dimensions et dans la manière dont s'exécute la manœuvre; le répétiteur qui sert à indiquer les divers mouvements et les différentes positions du télégraphe y est remplacé par une disposition particulière du levier qui rend la manœuvre très facile et permet à un seul agent de manipuler et d'observer tout à la fois.

L'analyse des différentes positions du télégraphe, que nous venons de décrire, présente un certain nombre de signaux parfaitement prononcés.

Le tableau représentatif des caractères qui les distinguent compose une méthode tachygraphique.

(Extrait du Rapport de Lakanal).

titué à la République. La reddition a eu lieu ce matin à six heures. » — Au milieu des acclamations, on décrète que la ville changera de nom et qu'il faut remercier l'armée. A six heures et demie du soir, le même jour, Chappe pouvait écrire au président la lettre suivante, dont lecture fut donnée avant la fin de la séance : « Les décrets qui annoncent le changement du nom de Condé en celui de Nord-Libre, et celui qui déclare que l'armée du Nord ne cesse de bien mériter de la patrie, sont transmis à Lille ; j'en ai reçu la nouvelle par le télégraphe. »

Cette rapidité inouïe apportée à l'échange des communications dut exciter un universel enthousiasme ; mais qui peut dire combien de temps encore une aussi utile invention eût pu sommeiller dans les ténébreux cartons d'un ministère sans la généreuse ardeur que Lakanal mettait à faire triompher les bonnes causes !

§ 4. La guerre aux Académies.

Dans le courant du mois d'août 1793, Lakanal eut encore l'occasion de rendre un signalé service à la science, en sauvegardant les intérêts financiers de ceux qui la servaient. Voici dans quelles circonstances.

Dès le début de la Révolution, plusieurs membres des assemblées avaient contesté l'utilité des Académies et autres compagnies littéraires ou scientifiques pourvues d'un caractère officiel. De bons esprits pensaient, non sans raison, qu'avec les privilèges de l'ancien régime devait disparaître le système des pensions accordées par l'Etat aux lettrés et aux savants.

Déjà, Lanjuinais faisait observer à la Constituante combien les corps privilégiés avaient rendu peu de services. « Les entreprises littéraires faites par ordre du gouvernement ont toujours été très lentes ; voyez s'il en a été de même de l'Encyclopédie. » Il en demandait la suppression ; Grégoire à ce moment, pour les défendre, fit savoir qu'elles allaient d'elles-mêmes réformer leurs statuts, les mettre en harmonie avec la société nouvelle et en faire disparaître toute trace du passé monarchique.

Mais Mirabeau ne pensait pas qu'il fallût trop compter sur la durée du libéralisme dont les Académies faisaient montre en ce moment de crise, et, lorsque les statuts nouveaux annoncés par Grégoire furent soumis à la Constituante, chargé du rapport, il le fit rédiger par Chamfort dans un sens absolument hostile au maintien de ces institutions.

Au point de vue du fait, il rappelait, en examinant leur passé et leurs traditions, que ces diverses compagnies, surtout l'Académie française, n'avaient été de tout temps que « *des écoles de servilité et de mensonge.* » Au point de vue des principes, il trouvait contraire aux idées fondamentales de la Révolution d'entretenir ces corps privilégiés, fussent-ils d'un entretien peu coûteux, comme l'Académie française qu'il appelait dédaigneusement : « la moins dispendieuse de toutes les inutilités. »

Toutefois les choses en restèrent là, jusqu'au jour où la Convention entendit à nouveau sur la question un rapport lu par Grégoire au nom du Comité d'Instruction publique. Celui-ci concluait aussi à la suppression des Académies, en annonçant qu'il serait bon, pour en recueillir les éléments utiles, de les remplacer par une création nouvelle, l'Institut, sur laquelle nous reviendrons plus tard. Mais en attendant cette future réorganisation, il y avait lieu pour les amis des sciences de s'inquiéter de la triste situation qui allait être faite à l'improviste à une classe d'hommes aussi remarquables par leur désintéressement que par leurs travaux, — nous voulons parler des membres de l'Académie des sciences, pauvres pour la plupart; car la science pure n'enrichissait guère ses adeptes dans un temps où l'industrie existait à peine.

Lakanal s'en émut; il rappela à la Convention l'honorable et formelle exception que Grégoire avait faite au sujet de l'Académie des sciences, alors qu'il accusait l'inutilité des académies en général : celle-là avait décrit plus de quatre cents machines et publié cent trente volumes, un des plus beaux monuments de l'esprit humain; elle continuait avec une infatigable activité les travaux dont la Convention l'avait chargée sur le titre des monnaies d'or et d'argent, sur la production du salpêtre et sur la mesure d'un degré du méridien, opération qui ne pouvait être terminée que dans un an. Elle venait de proposer un nouveau système de poids et mesures; elle s'occupait maintenant de la confection de nouveaux étalons et du rapprochement des nouvelles mesures avec celles qui étaient encore usitées dans les diverses contrées de la France. Il était donc digne du patriotisme de l'Assemblée d'assurer provisoirement l'existence d'une réunion d'hommes aussi utiles au pays.

Bref, l'éloquente intervention de Lakanal sauva l'Académie : sur sa proposition, le 15 août, la Convention « décrète que les membres de la ci-devant Académie des sciences continueront de s'assembler dans le lieu ordinaire de leurs séances... Les scellés, si aucuns ont été mis sur les registres, papiers et autres objets appartenant à la ci-devant Académie, seront levés, et les attributions annuelles, faites aux savants qui la composaient, leur seront payées comme par le passé et jusqu'à ce qu'il en ait été autrement ordonné. »

Encore une fois Lakanal avait fait triompher la cause de l'intelligence, mais non sans peine, comme il nous l'apprend.

Le télégraphe aérien de Cl. Chappe.

« La tâche que je m'étais proposée pour la cause de l'Académie des sciences était très difficile. Le Comité des finances, d'ailleurs composé de bons citoyens, était intraitable quand je lui demandais des fonds pour les savants, les Académiciens. Que de rebuffades j'essuyais ! On avait popularisé l'opinion qu'ils étaient tous opposés au nouvel ordre de choses, et malheureusement il y avait du vrai dans cette supposition. Il fallait faire route entre tous ces écueils. Que serait-il arrivé si, au lieu d'être moyen, j'avais été obstacle, ou même indifférent comme l'immense, la presque totalité de mes collègues exclusivement occupés de la marche de la Révolution ! »

La gratitude des savants se traduisit par les témoignages les plus flatteurs. — En voici un de Lavoisier : « J'ai reçu avec une reconnaissance qu'il me serait difficile de vous exprimer l'expédition du décret que vous avez fait rendre et que vous avez bien voulu m'adresser ; j'en ai donné communication à quelques-uns de mes anciens confrères, qui partagent mes sentiments. » — Et officiellement le secrétaire lui écrivait : « Citoyen législateur, vous avez acquis des droits à la reconnaissance des véritables savants. L'Académie connaît tout le prix de ce que vous avez bien voulu faire pour elle, et j'ose vous assurer qu'elle n'en perdra jamais le souvenir. »

IV

Les missionnaires de la Convention.

Lakanal dans la Dordogne. — Plus de procès! — Comment se venge un homme de cœur.

Le moment allait bientôt venir pour Lakanal de se révéler sous un jour tout nouveau; il lui fallut quitter pour quelque temps ses collègues du Comité d'Instruction publique, déposer la plume éloquente qui venait d'écrire tant de rapports bienfaisants, pour ceindre l'écharpe et le sabre du représentant en mission et aller faire respecter, dans les provinces, l'autorité souveraine de la Convention nationale.

Que de calomnies les historiens de la réaction n'ont-ils pas lancées contre tant de vaillants patriotes qui, bravant fatigues et dangers, souvent même au risque de leur vie, surent déjouer les criminels complots tramés par l'aristocratie, réchauffer le zèle des municipalités et des citoyens, organiser les milices départementales et créer les ressources de toute nature indispensables au triomphe des armées de la République ! Sans doute, on a pu citer quelques-uns de ces proconsuls qui abusèrent des pouvoirs illimités confiés à leur patriotisme ; il est parfois dangereux pour la créature humaine de disposer de trop de puissance; qui peut tout faire, veut souvent le mal. Mais si Nantes a pu gémir sous un Carrier, en regard de ce nom flétri, on en pourrait placer vingt autres qui furent au-dessus de tout éloge dans l'accomplissement d'une tâche aussi difficile que glorieuse, et nous allons voir que Lakanal peut en être cité comme un éclatant exemple.

Déjà, au mois de mars précédent, il avait été envoyé comme nous l'avons dit plus haut, dans le département de Seine-et-Marne et de Seine-et-Oise avec un de ses collègues, Mauduit. Pendant cette courte mission, les deux représentants avaient opéré, dans le château fameux du chef des émigrés, à Chantilly, une perquisition qui permit de faire rentrer dans le Trésor 550 kilogrammes d'or et d'argent. Ils y découvrirent, en outre, des correspondances secrètes du roi, de la reine, de Mme Elisabeth, de Calonne, des plans secrets de campagne du prince de Condé. Cette précieuse capture fut envoyée à la Convention.

Ce fut, sans doute, la probité et l'habileté déployées en cette circonstance par Lakanal qui le signalèrent à l'attention du Comité de Salut public, lorsqu'il fallut, en nivôse an II (décembre 93), envoyer un délégué de confiance pour administrer les départements du bassin de la Dordogne, infectés de royalisme et agités par l'esprit séparatiste des Girondins. La gravité des circonstances lui fit conférer les pouvoirs les plus étendus ; son autorité portait sur quatre départements : la Dordogne, le Lot, le Lot-et-Garonne, et la Gironde. En lui confiant ses dernières instructions, le principal chef de la Montagne lui avait donné cette consigne laconique : « Tape dur ».

Avant d'entrer dans le détail de cette mission, qui est un des plus curieux épisodes de cette existence mouvementée, nous ne pouvons manquer d'insister sur un trait caractéristique commun à tous les hommes de cette époque. Il semble que rien ne puisse les surprendre ; ayant voué leur vie au service de l'idée patriotique, ils sont prêts à toute éventualité. Si nouvelle pour eux que soit la tâche qui leur incombe, aucun ne cherche à l'éviter, pas plus par modestie que par crainte ; tous se disent que la bonne volonté dont ils sont animés leur tiendra lieu des connaissances techniques qui pourraient leur faire défaut. C'est ainsi que nous voyons ce professeur de trente et un ans, qui a passé presque toute sa vie entre les murs des collèges, dans l'ignorance absolue de la politique et des affaires, accepter sans hésiter une responsabilité si écrasante qu'elle eût fait reculer peut-être en de telles circonstances un administrateur de profession.

Arrivé dans la contrée dont l'administration était confiée à son zèle, Lakanal la parcourut rapidement et n'eut pas de peine à se convaincre que de terribles difficultés allaient se dresser devant lui ; il ne désespéra pas pourtant d'en triompher, se rappelant que, suivant l'antique adage, la foi transporte les montagnes.

Il avait un double but à atteindre : pacifier d'abord ces départements que désolait l'anarchie ; puis, après avoir ramené un peu de calme dans les esprits, faire concourir tous les citoyens à l'exécution de la seconde partie de sa tâche, la création d'un centre d'armement et d'approvisionnement pour les armées.

Il pensa que le meilleur moyen de faire taire les détracteurs de la Convention était, non pas de sévir rigoureusement et d'éteindre dans le sang des coupables l'incendie politique allumé par les contre-révolutionnaires, mais de montrer aux habitants de la contrée le dévouement le plus complet à leurs propres intérêts, afin que le zèle du délégué de la Convention attestât la sollicitude de cette assemblée pour les souffrances de la province. Une crise de subsistances, presque une famine, avait contribué à aigrir les esprits ; l'obligation de nourrir les troupes de passage et les nombreux détenus, aristocrates, prêtres insermentés ou suspects, dont le zèle ombrageux des municipalités avait empli les prisons, avait accru la disette.

D'autre part, l'absence de chemins praticables ne permettait pas de faire venir de loin, même à prix d'argent, les approvisionnements nécessaires pour remplacer les récoltes insuffisantes dans la contrée.

Lakanal s'installa à Bergerac, point central du théâtre de sa campagne administrative, et prit immédiatement les mesures les plus propres à atténuer le mal d'abord, à le guérir ensuite. Il fit appel à la générosité des districts les moins éprouvés pour subvenir aux plus pressants besoins des autres. A Périgueux, à Bergerac, chaque citoyen fut provisoirement rationné à une demi-livre de pain ; avec une humanité et une délicatesse touchantes, il fut décidé que les femmes enceintes recevraient trois-quarts de livre, ainsi que les prisonniers pourtant suspects de haïr la Révolution. Un emprunt civique, une taxe modérée sur les plus riches permirent de distribuer des secours aux indigents.

Mais les routes manquaient, il fallut en improviser. Lakanal en improvisa, et ici il faut le laisser raconter lui-même comment il accomplit cette surprenante entreprise, dans la saison la moins propre à ce genre de travaux, par un hiver des plus rigoureux.

« Le commerce languissait, les convois militaires se traînaient avec lenteur, les défenseurs de la patrie usaient dans les fatigues des voyages ces forces qui commandent à la victoire. Les formes routinières étaient insuffisantes; les suivre eût été imiter l'exemple de ce grand maître de Malte qui, averti que ses pages n'avaient plus de chemises, dit à ses gens : « Qu'on sème du chanvre pour faire des chemises à ces messieurs »..... J'ai dit aux fiers enfants de la Dordogne : « Traitons les grandes routes révolutionnairement ; levons-nous en famille et improvisons nos chemins. La bêche à la main, je marcherai à votre tête.... Nous honorerons le travail, nous consacrerons l'égalité ».

A la lecture de cet appel chaleureux, toute la population se sent électrisée ; riches et pauvres viennent offrir le secours de leurs bras. Au jour fixé chacun est à son poste de travail, depuis le représentant du peuple ceint de son écharpe jusqu'au dernier mendiant en haillons ; tous rivalisent d'ardeur, et, comme d'ailleurs les ingénieurs ont calculé d'avance avec précision les tracés, en peu de temps s'exécute une œuvre gigantesque qui métamorphose le pays.

Dès lors, la tâche devient facile à celui qui vient de se révéler aux yeux du pays comme un organisateur de premier ordre; il fait abattre des forêts et transporter des bois pour l'artillerie et la flotte. Une fabrique d'armes est créée à Bergerac, d'où sortiront 20,000 fusils ; dans les couvents abandonnés, transformés en ateliers, on fabrique des affûts et des caissons ; des forges sont installées à la Védèle, et le bronze des cloches se transforme en canons. Quatre mille chevaux sont rassemblés pour la remonte. Bref, on ne pourrait peut-être pas citer un exemple d'activité plus ingénieuse.

Cependant, Lakanal ne perd pas de vue le rétablissement de la concorde ; il organise des commissions d'instruction sociale, un journal populaire, une sorte d'apostolat civique grâce auquel les principes de la Révolution sont répandus dans les campagnes par la parole convaincue de courageux citoyens.

Les habitants de ces contrées d'un naturel litigieux se ruinaient en procès interminables; Lakanal songe à mettre fin à cet état de choses en faisant intervenir partout la voie des arbitrages amiables.

Le 21 pluviôse an II (2 janvier 94), un étonnant arrêté est affiché sur les murs de Bergerac. Ah ! sans doute il est rédigé dans un style qui paraît singulier aujourd'hui, et on s'égayerait bien aux dépens d'un de nos préfets actuels, s'il s'avisait d'édicter un semblable ukase aux processifs électeurs de la Normandie ! Toutefois, s'il est vrai, comme le dit M. Renan, que la condition essentielle de la vraie critique soit de comprendre la diversité des temps, on ne sera pas surpris plus que nous ne le sommes de trouver pareil langage à cette époque d'une étrange grandeur et d'une épique simplicité. — « Au nom de la patrie en larmes, au nom de l'amour que j'ai voué à mes frères de la Dordogne, je les invite tous à terminer par la voie de l'arbitrage les procès qui les divisent, et ce, avant le 20 ventôse (2 février) prochain, jour auquel doit être célébrée dans ce département la fête auguste de l'Amitié. »

Nous croira-t-on si nous ajoutons que, grâce à l'ascendant extraordinaire rapidement conquis par cet homme de cœur et d'énergie sur les habitants fanatisés, sa tentative de conciliation, si contraire aux sentiments habituels de la haineuse humanité, fut suivie de quelques résultats inespérés ?

En même temps Lakanal améliorait les hospices, et l'inimitable administrateur, que les circonstances venaient de révéler, n'étouffait pas en lui le membre du Comité d'Instruction publique.

« La République, répétait-il sans cesse, avec une conviction profonde, ne peut se maintenir et prospérer que par l'instruction. La liberté sans les lumières ne fut jamais qu'une bacchante effrénée. » Aussi trouva-t-il le moyen d'ouvrir des écoles primaires, d'organiser des cours d'agriculture, de fonder des bibliothèques populaires, malgré la modicité des ressources dont il pouvait disposer en ces temps critiques.

Ce qu'il y a de vraiment surprenant c'est qu'il avait pu accomplir toute son œuvre de réformes sans presque avoir recours aux moyens coercitifs : *il n'ordonna pas une seule arrestation.* — On a attribué une noble parole à

Robert Lindet qui, chargé au Comité de Salut public des subsistances de l'intérieur et de l'approvisionnement des armées, se serait écrié en refusant d'apposer sa signature à un ordre de mort que lui présentaient ses collègues : « Je ne suis pas ici pour guillotiner la France, mais pour la nourrir. » — Lakanal eut un mot analogue. « J'ai fait tout avec le levier de la Raison, rien avec le tranchant de la guillotine. »

Il fit mieux que de s'abstenir de sévir, il risqua sa vie pour sauver celle des autres. — Un jour, apprenant qu'un de ses anciens condisciples, prêtre insermenté, se cache dans une retraite où il peut être à chaque instant découvert, Lakanal va le trouver, et, en lui fournissant les moyens de gagner la frontière, l'accompagne lui-même nuitamment, jusqu'à ce qu'il soit hors de danger.

Cet acte de généreuse clémence est dénoncé au Comité de Salut public comme une trahison ; mais Lakanal a donné trop de preuves de civisme, la lettre de dénonciation lui est renvoyée de Paris. Aussitôt il écrit à son accusateur cette lettre digne des héros de Plutarque : « J'avais reçu la mission expresse de te faire arrêter parce que tu avais signé une pétition calomnieuse contre moi. Mais lorsque Lakanal est juge dans sa cause, ses ennemis sont assurés de leur triomphe ; il ne sait venger que les injures de la patrie. Je t'obligerai lorsque je le pourrai. C'est ainsi que les représentants du peuple repoussent les outrages. Tu as cinq enfants devant l'ennemi : c'est une belle offrande faite à la liberté. Je te décharge de la taxe révolutionnaire. » LAKANAL. »

Que dire de l'homme qui a pu tracer ces lignes ? — A quelque parti qu'on appartienne, il faut céder à tant de grandeur d'âme et s'incliner avec respect devant la statue de cet inébranlable républicain.

V

L'enseignement primaire et la Révolution.

Le maître d'école sous l'ancien régime. — Plans de réforme de Mirabeau, Talleyrand et Condorcet. — Plan de Lakanal.

Sa mission glorieusement terminée, Lakanal était de retour dans le sein de la Convention à l'époque où, par un effroyable aveuglement, elle laissait s'entre-égorger les plus illustres de ses membres.

Au moment où Danton succombait, nous voyons dans le *Moniteur* que, sur un rapport de Lakanal, on décrétait l'érection au Panthéon d'une colonne élevée aux vainqueurs du 10 août 1792 ; puis le silence se fit dans l'Assemblée terrorisée, et, jusqu'en juillet (9 thermidor), Lakanal continua, avec ses collègues du Comité d'Instruction publique, à préparer les grands projets de loi sur l'enseignement à tous les degrés, que la fin de cette année devait voir éclore. Il cherchait, sans doute, à oublier dans le travail les sinistres proscriptions qu'une majorité affolée accordait aux décemvirs du Comité de Salut public.

C'est de l'instruction primaire qu'il avait dû s'occuper tout d'abord. Depuis le commencement de la Révolution cette question capitale était à l'étude, et de nombreux plans avaient été proposés dans chaque assemblée. En cette matière on peut dire que tout était à créer : il ne s'agissait plus seulement d'améliorer et de restaurer l'édifice croulant de vétusté de l'ancien régime, c'était un monument tout nouveau dont il fallait jeter les fondements.

Sans doute, les adversaires de la Révolution n'ont pas manqué, à notre époque, de chercher à justifier sur ce point l'incurie de la Monarchie ; ils ont, par de minutieuses fouilles dans les poudreuses archives provinciales, prétendu démontrer que les moyens d'instruction n'avaient jamais fait défaut au peuple sous nos rois très chrétiens. Nous ne croyons pas devoir laisser passer l'occasion de faire justice de ces allégations audacieuses.

C'est avec la Réforme qu'est apparue la nécessité d'instruire les classes populaires. Ecoutez ce cri de Luther, en 1530 : « J'affirme que l'autorité a le devoir de forcer ceux qui lui sont soumis à envoyer les enfants à l'école. Eh quoi ! si l'on peut, en temps de guerre, obliger les citoyens à porter l'épieu ou l'arquebuse, combien plus peut-on et doit-on les contraindre à instruire leurs enfants, quand il s'agit d'une guerre bien plus rude à soutenir, la guerre avec le mauvais esprit qui rôde autour de nous, cherchant à dépeupler l'Etat d'âmes vertueuses ? » L'instruction se développa donc rapidement dans les pays protestants.

Dans les pays catholiques, on se plaignit que « des conventicules illicites se tenaient, où l'on prêchait les nouvelles doctrines sous prétexte d'enseigner les enfants. »

Bientôt, l'Eglise comprit qu'il lui fallait, pour se défendre, employer les mêmes armes qui servaient à l'attaquer ; en 1546, le concile de Trente ordonna « qu'auprès de chaque église il y aurait au moins un maître qui enseignât gratuitement la grammaire aux clercs et aux enfants pauvres, pour les mettre en état de passer à l'étude des Saintes Lettres, si Dieu les y appelle ». L'instruction ne sera donc donnée qu'en vue de préparer des défenseurs pour la vraie foi et des serviteurs à l'Eglise.

Les plus sévères précautions sont prises pour que l'instituteur ne puisse s'émanciper du joug ecclésiastique. « Le saint concile a ordonné, disent les synodes provinciaux, que personne ne serait admis à l'office d'instituteur, soit public, soit privé, qui ne fût auparavant examiné et approuvé par l'évêque du lieu où il se trouve, sur sa vie, ses mœurs et sa science. »

Dès lors, il n'est pas à craindre que la raison populaire s'affranchisse aisément ; un prélat de Valenciennes, en 1564, choisissant les livres qui seront confiés aux enfants, indique tout d'abord le *Libvre de Jésus*, contenant l'alphabet et distinction des lettres, puis on passera au *Pater noster*, à la créance (le *Credo*), aux commandements de Dieu et de l'Eglise, et à la manière de servir la messe. Par une extrême concession « et pour aucunement satisfaire à la curiosité de plusieurs qui ayment mieux que leurs enfants soyent en ces points instruits en langue maternelle, il n'y aurait point de mal que l'on ajoute en Franchois ce que contient ledit libvret de Jésus ». Toutefois, les oraisons faites à voix haute, les grâces, les bénédicités, le pater noster, ne pourront être dites qu'en latin. « Et après que les dits enfants sauront lire, au lieu de quelques vaines histoires ou livrets dépravés, on leur pourra donner le catéchisme, en latin aux escolles pour le latin, et en franchois pour les autres. »

Il est donc hors de doute que l'ancien régime ne vit dans l'enseignement primaire qu'un auxiliaire pour le maintien de la religion dominante, le maître d'école ne pouvant être qu'une sorte de domestique du curé. De tous les services qu'on réclame de lui, le moindre est d'enseigner ; faire la classe ne devra lui prendre qu'une faible part de son temps, car le curé l'engage « pour chanter à l'église, l'assister au service divin et à l'administration des sacrements, pour l'instruction de la jeunesse, pour sonner l'angelus le soir, le matin et à midi, et à tous les orages qui se feront dans l'année, puiser l'eau pour faire bénir tous les dimanches, balayer l'église tous les samedis, faire la prière tous les soirs depuis la Toussaint jusqu'à Pâques [1] ». Aussi, pour choisir les instituteurs, maîtres-jacques de sacristie, s'il est vrai qu'on leur demandât un peu d'écriture, d'orthographe et de calcul, il n'est pas moins certain qu'on les faisait surtout chanter au lutrin, et que, comme l'a dit spirituellement M. E. Guillon, la force de leurs poumons emportait les suffrages.

La conséquence de cet abaissement du maître d'école fut la continuation de l'ignorance des paysans. Sans doute, dans le courant des XVIIe et XVIIIe siècles, un peu de lumière se fit dans ces masses profondes de travailleurs ruraux. Au temps du Roi-Soleil, La Bruyère avait tracé un sauvage tableau de ces « animaux farouches, des mâles et des femelles, répandus par la campagne, noirs, livides et tout brûlés du soleil, attachés à la terre qu'ils fouillent et remuent avec une opiniâtreté invincible ; ils ont comme une voix articulée, et quand ils se lèvent sur leurs pieds, ils montrent une face humaine ; et en effet ils sont des hommes. »

Peut-être, à la veille de la Révolution, ce portrait n'eût-il plus été aussi ressemblant ; néanmoins, si quelques progrès s'étaient accomplis dans l'état intellectuel de Jacques Bonhomme, il est permis de croire que le pauvre diable n'était pas encore grand clerc, quand on lit les réflexions mélancoliques faites par Turgot pendant son intendance à Limoges. « J'ai vu avec douleur que dans quelques paroisses le curé a signé seul, parce que personne ne savait signer ; cet excès d'ignorance dans le peuple me paraît un grand mal, et j'exhorte messieurs les curés à

[1] A. Babeau. *Le village sous l'ancien régime*. Paris, 1879.

s'occuper des moyens de répandre un peu plus d'instruction dans les campagnes et à proposer ceux qu'ils jugeront les plus efficaces. »

Vraiment, l'honnête Turgot est trop naïf de croire que MM. les curés pourront trouver remède à si grand mal, car ce sont eux qui l'ont laissé empirer, s'ils ne l'ont même envenimé ; il y faudra d'autres médecins, et ce ne sera point trop de tout l'effort révolutionnaire pour que ceux qui « épargnent aux autres hommes la peine de semer, de labourer et de recueillir pour vivre[1] » puissent apprendre à lire la *Déclaration des Droits de l'homme*, à signer leur nom sur les registres de l'Etat civil.

Voyons donc ce qu'a fait la Révolution pour l'enseignement primaire. Ce n'est pas nous éloigner de Lakanal qui, comme président du Comité d'Instruction publique, prit une part des plus importantes aux travaux relatifs à cette question. Mais, avant la Convention, et dès 1791, avec Mirabeau et Talleyrand, les vues les plus remarquables sur l'instruction du peuple s'étaient fait jour et, bien qu'elles n'aient pas été adoptées ni même discutées, il importe d'en donner un aperçu rapide et succinct : on pourra mieux saisir ensuite la série des modifications que la libre recherche de tant d'esprits supérieurs fit subir aux plans primitifs.

Mirabeau, dont la vaste intelligence ne pouvait demeurer étrangère à aucun des points de la régénération nationale, avait consigné ses idées sur l'instruction publique dans quatre discours ; il se disposait à y mettre la dernière main avant de les soumettre à l'Assemblée constituante, lorsqu'un mal imprévu vint brutalement terrasser son organisation extraordinaire. Son médecin et ami, Cabanis, qui l'avait aidé dans la préparation de cette étude, la publia sous le titre de *Travail sur l'instruction*

[1] La Bruyère. *Caractères*.

publique. On n'y trouvera guère que l'indication des grands points de vue dont devront se préoccuper les législateurs ultérieurs, mais exposés dans un langage digne de l'orateur et de son sujet.

Un bon système d'éducation publique, expose Mirabeau, est le seul moyen de combler promptement l'intervalle immense que la Constitution politique nouvelle a mis tout-à-coup entre l'état des choses et celui des habitudes. — C'est de lui seul qu'on doit attendre « ce complément de régénération qui fondera le bonheur du peuple sur ses vertus, et ses vertus sur ses lumières. » — Tandis que « les législateurs anciens cherchaient tous à donner à leurs peuples une tournure particulière et ne prétendaient souvent à rien moins qu'à les dénaturer, pour ainsi dire, en leur faisant prendre des habitudes destructives de toutes les dispositions originelles de l'homme », les modernes, au contraire, auront « pour objet unique de rendre à l'homme l'usage de toutes ses facultés, de le faire jouir de tous ses droits, de faire naître l'existence publique de toutes les existences individuelles librement développées et la volonté générale de toutes les volontés privées, constantes ou variables ».

Mirabeau considère comme une nécessité fondamentale de ne soumettre les établissements d'instruction qu'aux magistrats élus et fréquemment renouvelés par le peuple. Si c'est la plume qui conduit l'épée et qui donne ou enlève les sceptres, ce sont les instituteurs de la jeunesse, les philosophes et les écrivains de tous les genres qui font marcher les nations à la liberté ou qui les précipitent dans l'esclavage. Il faut donc qu'ils soient toujours aux ordres de l'intérêt public.

Mirabeau ne croit pas l'éducation gratuite nécessaire, alléguant que le maître qui reçoit un salaire est bien plus intéressé à perfectionner sa méthode d'enseignement, et le disciple qui le paye, à profiter de ses leçons.

D'ailleurs, ce n'est pas l'instruction primaire qu'il a en vue surtout; aussi ne pourrions-nous insister davantage sur son œuvre incomplète sans nous éloigner de notre sujet.

Talleyrand-Périgord, ancien évêque d'Autun, est l'auteur du second plan qui ait été élaboré sous la Constituante. Du rapport remarquable qu'il lut à cette Assemblée en septembre 1791 et dans lequel il embrassait tous les degrés d'instruction publique, nous ne relèverons ici que les passages relatifs à l'enseignement primaire.

Talleyrand établit que celui-ci doit être entièrement *gratuit*. « Il est évident que c'est dans le trésor commun que doit être prise la dépense nécessaire pour un bien commun. Or, l'instruction primaire est absolument et rigoureusement commune à tous, puisqu'elle doit comprendre les éléments de ce qui est indispensable, quelque état que l'on embrasse. D'ailleurs, son but principal est d'apprendre aux enfants à devenir un jour des citoyens. Elle les initie en quelque sorte dans la société, en leur montrant les principales lois qui la gouvernent, les premiers moyens pour exister. Or, n'est-il pas juste qu'on fasse connaître à tous, gratuitement, ce que l'on doit regarder comme les conditions mêmes de l'association dans laquelle on les invite d'entrer ? »

Talleyrand n'admet pas que l'instruction primaire puisse être *obligatoire*. « A peu près vers l'âge de sept ans, un enfant pourra être admis aux écoles primaires. Nous disons admis pour écarter toute idée de contrainte. La nation offre à tous le bienfait de l'instruction, mais elle ne l'impose à personne... Elle se défendra des erreurs de cette République austère qui, pour établir une éducation strictement nationale,... se vit obligée de briser tous les liens des familles, tous les droits de la paternité par des lois contre lesquelles s'est soulevée dans tous les temps la loi de la nature ; elle saura atteindre le même but par des voies légitimes; elle apprendra, elle inculquera de bonne heure aux enfants qu'ils ne sont pas destinés à vivre uniquement pour eux ; que, bientôt, ils vont faire partie intégrante d'un tout auquel ils doivent leurs sentiments et souvent leurs volontés ; et qu'un intérêt qui n'est qu'individuel, par là même qu'il isole l'homme, le dégrade et détruit pour lui tout droit aux avantages que dispense la société : enfin, elle se contentera d'inviter les parents, au nom de l'intérêt public, à envoyer leurs enfants à l'instruction commune, comme à la source des plus pures leçons et au véritable apprentissage de la vie sociale. »

Cette question du principe de l'obligation a été autrement résolue plus tard ; maintenant, nous admettons comme évident que l'instruction primaire doit être *obligatoire* ; il était néanmoins intéressant de voir se dégager peu à peu la formule aujourd'hui incontestée : gratuité, obligation, laïcité. De ces trois termes, Mirabeau n'admet aucun ; Talleyrand n'admet que le premier. C'est aux hommes de la Convention que revient le mérite d'avoir démontré la nécessité des trois.

Le remarquable rapport que Condorcet présenta à l'Assemblée législative, en avril 1792, sur l'ensemble de l'instruction publique, ne renferme, en ce qui concerne l'instruction primaire, rien de très particulier à signaler. Le principe de la gratuité y est rigoureusement établi, puisque Condorcet la voulait à tous les degrés d'enseignement; il y est dit que toute collection de maisons renfermant 400 habitants aura une école et un maître. L'enseignement durera quatre ans et comprendra lecture et écriture, notions grammaticales, règles de l'arithmétique, de l'arpentage et du toisé ; description élémentaire des productions du pays, des procédés de l'agriculture et des arts, développement des premières idées morales et des règles de conduite qui en dérivent; enfin, ceux des principes de l'ordre social qu'on peut mettre à la portée de l'enfance. Une place importante est réservée aux exercices gymnastiques.

Les instituteurs devront, en outre, faire le dimanche des conférences publiques aux adultes pour les faire bénéficier de ce qu'ils n'ont pu apprendre dans leur enfance ou le leur remettre en mémoire. On y expliquera surtout cette partie des lois nationales dont l'ignorance empêcherait un citoyen de connaître ses droits et de les exercer. Que de sages paroles il faudrait citer ici! « Ni la constitution française, ni même la déclaration des droits ne seront présentées à aucune classe des citoyens comme des tables descendues du ciel, qu'il faut adorer et croire. »

Condorcet veut que chaque citoyen soit amené à voir dans les lois de son pays le développement naturel de principes dictés par la raison. « Tant qu'il y aura des hommes qui n'obéiront pas à leur raison seule, qui recevront leurs opinions d'une opinion étrangère, en vain toutes les chaînes auraient été brisées, en vain ces opinions de commande seraient d'utiles vérités; le genre humain n'en resterait pas moins partagé en deux classes: celle des hommes qui raisonnent et celle des hommes qui croient, celle des maîtres et celle des esclaves. »

C'est bien là le langage du législateur éclairé qui voulait aussi que dans les villes de garnison on ouvrît pour les soldats une conférence hebdomadaire dont le principal objet fût une explication des lois et des règlements militaires, propre à leur en développer l'esprit et les motifs: « Car l'obéissance du soldat à la discipline ne doit plus se distinguer de la soumission du citoyen à la loi; elle doit être également éclairée et commandée par la raison et par l'amour de la patrie, avant de l'être par la force et par la crainte de la peine. »

On doit à Condorcet l'idée d'établir des écoles primaires pour les filles. Il eut enfin le mérite de formuler cette vérité qu'il est « rigoureusement nécessaire de séparer de la morale les principes de toute religion particulière et de n'admettre dans l'instruction publique l'enseignement d'aucun culte religieux. Chacun d'eux doit être enseigné dans les temples par ses propres ministres. Les parents, quelle que soit leur opinion sur la nécessité de telle ou telle religion, pourront alors sans répugnance envoyer leurs enfants dans les établissements nationaux ; et la puissance publique n'aura point usurpé sur les droits de la conscience, sous prétexte de l'éclairer et de la conduire. »

On nous pardonnera, nous l'espérons, cette digression un peu longue sur les trois plans d'instruction primaire qu'ont vus naître les deux premières Assemblées de la Révolution ; elle était indispensable à l'intelligence de ceux que la Convention discuta à son tour et dont l'étude nous ramène directement à Lakanal.

Les débats s'engagèrent d'abord sur le rapport présenté, au nom du Comité d'Instruction publique, par le médecin Lanthenas, girondin, qui avait pris pour base le plan de Condorcet. Le rapporteur, il est bon de le dire en passant, insistait pour la suppression absolue des corrections corporelles, « châtiments d'esclaves qui ont déshonoré nos anciennes écoles », et auxquels les congréganistes de nos jours ont encore si volontiers recours, au mépris des lois.

Des orateurs appartenant à toutes les nuances de l'Assemblée prirent tour à tour la parole, et il est intéressant de constater, sans entrer dans les détails, que les mesures les plus hardies furent plusieurs fois proposées par des représentants de l'opinion modérée. Ainsi le girondin Ducos repoussa énergiquement l'admission dans l'enseignement primaire des prêtres et des frères « vulgairement dits Ignorantins ». L'économie même qui pouvait résulter pour le trésor de l'emploi des congréganistes lui paraissait un argument sans valeur, et il rappela spirituellement à leur sujet « l'histoire de ce joueur de flûte ancien qu'on payait simple pour jouer et double pour se taire ; car il jouait faux [1] ».

Ducos proposa, le premier, l'enseignement primaire *obligatoire*, dût cette contrainte « contrarier durement nos mœurs et nos usages ». Car, tant que par une instruction commune on n'aurait pas rapproché le pauvre du riche, le faible du puissant, en vain l'égalité serait-elle proclamée par les lois ; « la République serait toujours divisée en deux classes : les citoyens et les messieurs ».

On entendit successivement Jacob Dupont, Danton, Rabaud Saint-Etienne, Marat, Chénier, et enfin le principe seul fut formulé en ces termes : « Les Ecoles primaires formeront le premier degré d'instruction. On y enseignera les connaissances rigoureusement nécessaires à tous les citoyens. Les personnes chargées de l'enseignement dans ces écoles s'appelleront instituteurs. »

La lutte de la Montagne et de la Gironde fit écarter momentanément les questions d'instruction ; mais, après le 31 mai, elles occupèrent de nouveau l'attention des représentants, et Lakanal, le 26 juin, vint proposer un nouveau projet de loi en 70 articles, sur lequel il est inutile d'insister, puisqu'il ne fut point adopté.

Parmi les nombreuses dispositions il s'en trouvait une relative à l'organisation des fêtes publiques, destinées soit à consacrer de glorieux anniversaires (14 juillet, 10 août), soit à honorer les travaux agricoles. Le titre de l'une d'elles, celle des Animaux compagnons de l'Homme, excita quelques ricanements, et plusieurs membres répétaient avec une insistance ironique : « Qu'est-ce que cette

---

[1] Despois, *Vandalisme révolutionnaire*.

fête des Animaux? — Lakanal impatienté leur décocha cette amusante riposte : « Mes amis, c'est la vôtre! »

Le projet de Lakanal, soutenu par Sieyès et Daunou, attaqué par Coupé (de l'Oise) et Lequinio, fut définitivement écarté par l'opposition de Robespierre qui s'était engoué d'un plan trouvé dans les papiers de Lepelletier Saint-Fargeau, après l'assassinat de celui-ci.

Ce mémoire de Lepelletier, curieux à lire, renfermait des utopies qui n'eussent guère été réalisables que dans la Sparte de Lycurgue, entre autres l'éducation identique et commune des filles et des garçons de cinq à douze ans, rassemblés à demeure dans des maisons nationales. Grégoire n'eût pas de peine à en démontrer l'inanité ; après lui, Barrère, Thibaudeau, Fourcroy, Danton et bien d'autres parurent à la tribune. Enfin, on aboutit à la loi du 29 frimaire an II (19 décembre 1793), qui fut modifiée le 27 brumaire an III (17 novembre 1794) à la suite du rapport suivant de Lakanal.

RAPPORT DE LAKANAL SUR LES ÉCOLES PRIMAIRES

Citoyens représentants,

Ce n'est pas assez d'avoir assuré le triomphe de la liberté publique par l'énergie de votre courage et l'ascendant de vos lumières : vous voulez transmettre cette importante conquête à vos enfants ; mais ce serait leur léguer un stérile bienfait que de ne pas chercher à en garantir la durée ; de là naît pour vous le besoin de les préparer par des lumières à conserver cette liberté, fruit des longs efforts et des sublimes travaux de leurs pères ; de là la nécessité de *l'instruction :* un peuple éclairé doit se maintenir libre ; eh ! comment pourrait-il avoir la faiblesse de traîner des fers, s'il peut se faire une juste idée de l'homme ? s'il voit un tyran avec toute l'horreur qu'il inspire ?

L'ordre social est fondé sur les lois : les lois s'appuient sur les mœurs, les mœurs s'épurent et se conservent par l'édu-

Lakanal à la tribune de la Convention.

[illegible] ; l'instruction et l'éducation doivent donc marcher ensemble et se prêter un appui mutuel ; car, comme l'a dit un philosophe célèbre, on ne forme pas l'homme en deux temps. En renversant la tyrannie, le premier pas à faire, c'est de répandre les lumières ; sans elles le froid inactif de l'ignorance gagnerait bientôt jusqu'aux extrémités du corps social, et vous auriez amené les Français à cet état de dégradation où voulait les réduire un des visirs que nous nommions ministres, lequel se flattait que bientôt on n'imprimerait en France que des almanachs.

Il est temps, sans doute, de pourvoir à l'un des besoins les plus essentiels et les plus négligés de la République : hâtons-nous d'établir l'enseignement, mais sur un plan plus national, plus organique, plus digne en un mot de nos futures destinées. Telles ont été les vues du Comité et les intentions qu'il s'est attaché à remplir.

Il est ici question de l'enfance : les écoles primaires doivent l'introduire en quelque sorte dans la société. Notre système de placement est fondé sur les observations faites par les hommes qui ont le plus médité sur l'économie sociale. Ils comptent 150 enfants de 6 à 12 ans dans une population de 1,000 personnes. Ainsi, chaque école primaire sera composée d'environ 150 élèves. Rousseau n'en voulait qu'un. Le bon Rollin pensait que c'était assez d'en réunir cinq, sous un même instituteur. En lui assignant des fonctions qui ne dépassent pas la mesure de ses forces physiques, nous plaçons, dans notre système, l'instruction à la portée des enseignés et nous économisons tout à la fois les instituteurs et les finances de la République.

Ces établissements, pour opérer tout le bien qu'on doit s'en promettre, ne doivent être confiés qu'à des hommes éclairés et vertueux ; il faut y appeler le mérite et en repousser l'intrigue et l'immoralité. Nous vous proposons d'établir près de chaque administration de district un *jury d'instruction*. Il est nécessaire d'entrer dans quelques détails sur cette institution nouvelle.

Placerons-nous, sur un espace aussi étendu que la France, [illegible],000 écoles nationales avec près de 40,000 instituteurs et institutrices ; dans ces écoles peuvent recevoir l'instruction première et commune environ [illegible] enfants.

Voilà un établissement immense et tout à fait national, [illegible] l'institution, dans chaque district, d'un jury d'instruction composé de trois personnes et qui se renouvellent; un jury par département n'aurait pas suffi et sa surveillance n'eût été qu'illusoire. Si au jury de district on préférait l'administration des corps municipaux, il en résulterait une complication dont l'accroissement serait dans le rapport de cinq cents, qui est le nombre à peu près des districts, à 42,000 qui est celui des municipalités. Chaque commune voudrait avoir au moins une école, et les fonds publics qu'on peut y destiner, quelque considérables qu'on les suppose, ne pourraient suffire à cette augmentation; d'ailleurs, les grandes communes seraient bien pourvues, celles des campagnes le seraient mal, ce qui ne s'accorde pas avec l'égalité républicaine. Enfin les écoles seraient plutôt communales que nationales, ce qui est moins favorable à l'unité et à l'intégrité d'une association politique. Les jurys d'instruction doivent agir de concert avec les administrateurs de district et correspondre à un point central supérieur, à la commission exécutive de l'instruction : ce principe ne peut être attaqué par les amis de l'unité de la République.

C'est peu de monter un grand établissement; il faut provoquer les hommes capables de le remplir. Nous avons dû prévoir que des intrigants travailleraient à supplanter les instituteurs, que des malveillants s'efforceraient de les dégoûter de leurs fonctions, que des hommes prévenus ou séduits élèveraient surtout contre eux des plaintes vagues et mal fondées; toutes les précautions sont prises pour repousser d'injustes attaques, pour imposer silence à toutes les voix calomnieusement accusatrices. D'un autre côté, trois motifs puissants appelleront l'homme vertueux et éclairé aux pénibles fonctions d'instituteur national: un traitement qui le fasse subsister dans une médiocrité honorable et républicaine; l'espoir que nous lui donnons d'une retraite paisible et aisée dans les années reculées de la vieillesse; enfin son inscription sur la liste des fonctionnaires publics.

La disposition qui porte l'égalité des salaires pour les instituteurs sur tous les points de la République peut avoir une grande influence sur les progrès de l'amélioration sociale. L'intention du Comité n'a pas été de réduire celui qui vit chèrement dans les villes au traitement de celui qui habite la campagne. Ce n'est pas au minimum qu'on a voulu placer l'égalité, c'est au maximum. On a proposé de donner à l'instituteur des campagnes autant qu'à celui des villes : cette vue a paru morale et d'une bonne politique. Tant de motifs attirent les talents et les lumières dans les grandes villes qu'il est bon d'en repousser une partie au milieu des champs par l'attrait d'une existence aisée. Alors seulement je verrai l'égalité dans l'instruction. Serait-elle réelle, en effet, si les hommes et les femmes, chargés de la distribuer dans les campagnes, n'y étaient retenus que par leur infériorité et l'impossibilité d'être mieux placés ailleurs?

J'entends une objection : l'exécution de votre système d'organisation scolaire grèverait d'une énorme dépense les finances de la République; je réponds, d'abord, que, dans un gouvernement populaire, les citoyens sont les enfants de l'Etat : or, accuserions-nous de prodigalité le père de famille qui consacrerait à l'éducation de ses enfants la cinquième partie de son bien? Ne dirions-nous pas qu'il en fait un légitime usage? Je réponds que si la loi portée pour l'organisation des écoles primaires avait été ramenée à exécution, elle aurait jeté la République dans des dépenses plus considérables; elle payait 2,625 livres pour 150 élèves; elle ne payera dans notre plan d'organisation que 2,200 livres. Par quelle fatalité nous oppose-t-on de pareilles objections, lorsque nous proposons un plan simple et organique d'instruction nationale? Pourquoi ne les fait-on pas, lorsqu'on présente des projets de loi dont les vices démontrés par la discussion le sont aujourd'hui par l'expérience? Le projet de vandaliser la France pour l'asservir aurait-il donc survécu au moderne Pisistrate?

La fixation des objets d'enseignement qui conviennent au premier âge n'était susceptible aujourd'hui d'aucune difficulté. L'éducation, il faut l'avouer, n'a guère été jusqu'à présent qu'un enseignement littéraire; il fallait en agrandir la sphère et lui faire embrasser la partie physique et morale de l'éducation, comme les facultés purement intellectuelles; les talents industriels et manuels, comme les talents agréables; car, en vain l'âme est forte, si le corps est sans vigueur : il faut, dit l'ingénieux et naïf Montaigne, donner à l'esprit un valet robuste; la véritable instruction s'occupe de tout l'homme, et même, après avoir cherché à perfectionner l'individu, elle essaie d'améliorer l'espèce.

C'est aux bons livres élémentaires et à des ouvrages capables de guider les instituteurs qu'il est donné d'atteindre toutes les fins de l'instruction publique. Les ouvrages envoyés jusqu'ici au concours ouvert pour cet objet n'ont pas rempli vos vues : en général les auteurs ne se sont pas contenus dans les limites du travail qui leur était demandé, de telle sorte que ces divers ouvrages n'empiétassent pas les uns sur les autres, qu'il n'en manquât aucun d'utile et que tous ensemble pussent offrir un système complet d'enseignement national.

Les citoyens qui ont travaillé pour ce concours ont généralement confondu deux objets très différents, des *élémentaires* avec des *abrégés*. Resserrer, coarcter un long ouvrage, c'est l'abréger; présenter les premiers germes et en quelque sorte la matrice d'une science, c'est l'élémenter; il est facile de faire un abrégé de Mézeray, tandis qu'il faudrait un Condillac pour nous donner des éléments de l'histoire. Ainsi l'abrégé est précisément l'opposé de l'élémentaire; et c'est cette confusion de deux idées très distinctes qui a rendu inutiles pour l'instruction les travaux d'un très grand nombre d'hommes estimables, qui se sont livrés en exécution de vos décrets à la composition des livres élémentaires.

Quoi qu'il en soit, la nation ne sera pas longtemps privée du grand bienfait des livres élémentaires; le Comité a pris toutes les mesures pour en assurer la prompte publication; il a interrogé le génie; sa réponse sera prompte et digne de vous et de lui.

Il restait un objet à examiner: la recherche des moyens d'entretenir dans les écoles nationales cette émulation [illegible] qui fait éclore les talents, les vertus, les belles actions [illegible] Votre Comité a vu tous ces avantages se réunir dans la célébration de la fête de la jeunesse.

[illegible] en présence du peuple, juge tout à la fois et spectateur, des prix d'encouragement seront distribués aux élèves; là encore seront solennellement proclamés habiles à exercer des fonctions publiques ceux de nos jeunes concitoyens qui, n'ayant pas suivi les écoles primaires, seront néanmoins jugés suffisamment instruits dans les différentes parties de l'enseignement national, car vous voulez [illegible] une preuve et [illegible].

Je finis par une réflexion nécessaire: la France ne gémirait pas aujourd'hui sur le vide de l'instruction publique, la patrie ne serait pas alarmée sur le sort de sa génération [illegible], si les principales bases du plan que nous vous présentons n'avaient pas été rejetées dans le courant de l'année dernière, qui [illegible] du trône pour l'arracher à l'[illegible].

Il avait ses vues pour faire [illegible] Votre Comité [illegible] de vous [illegible]

VI

Lakanal pendant la Terreur.

Le procès de l'abbé Sicard. — Jugement de Lakanal sur Mirabeau et Rousseau.

Nous avons dû légèrement anticiper sur les évènements pour ne pas rompre la série des travaux sur l'enseignement primaire. Mais il est nécessaire de rappeler qu'entre le premier rapport de Lakanal, qui fut repoussé grâce à la résistance de Robespierre, et le second que nous venons de citer, s'était produit le 9 thermidor auquel fait allusion la péroraison du rapport.

Le rôle de Lakanal dans cet évènement paraît avoir été effacé ; il est vraisemblable que sa modération et son horreur pour toute tyrannie ne diminuèrent pas l'animosité qu'avait pu exciter en lui contre Robespierre l'opposition faite à son projet de loi. Ce qui est historique, c'est que, au milieu de la réaction qui succéda à la chute du *moderne Pisistrate*, Lakanal sut encore une fois s'honorer par un trait d'héroïque dévouement.

L'un de ceux qui étaient chargés d'instruire contre les complices de Robespierre avait trouvé dans les papiers de Couthon un livre sur la première page duquel était écrite une dédicace compromettante pour l'abbé Sicard. Lakanal apprend le danger qui menace cet infortuné savant, il court chez le détenteur de l'ouvrage incriminé ; celui-ci est absent, mais les yeux de Lakanal tombent sur la page fatale; l'arracher et la détruire, c'est l'affaire d'un instant; mais aussitôt rentre le conventionnel chargé d'instruire le procès: « Vous n'avez plus de preuve contre Sicard, s'écrie le généreux Lakanal, il n'y a plus de coupable que moi. » — Les nobles sentiments sont contagieux: son collègue lui tend la main en lui disant: « Vous êtes bien toujours le même. » Et Sicard est sauvé. — Aussi notre héros pouvait-il dire plus tard avec une satisfaction légitime: « J'ai souvent fait le bien, j'ai quelquefois empêché de faire le mal. »

Il sut encore faire autoriser l'impression, aux frais du gouvernement, d'une traduction des œuvres de Bacon trouvée dans les papiers d'un condamné de thermidor. « Bacon, pauvre, négligé dans sa patrie, légua en mourant son nom et ses écrits aux nations étrangères; c'est à nous, c'est aux hommes de la liberté à recueillir la succession des martyrs de la philosophie. »

Le 16 septembre 1794 (29 fructidor an II), Lakanal soumet à la Convention le programme d'une fête funèbre pour le transport des cendres de Jean-Jacques au Panthéon, et, sur son observation, l'Assemblée décide de ne pas inviter à la cérémonie cette Thérèse Levasseur, dont l'influence fut si fatale au bonheur du pauvre Rousseau, en contribuant par de stupides calomnies à entretenir les défiances maladives qu'il éprouvait contre ses amis les plus sincères.

Nous pensons qu'on lira avec intérêt le discours qu'il prononça à cette occasion et dans lequel se trouve un jugement-portrait sur Mirabeau, opposé à Rousseau:

RAPPORT

Citoyens,

Vous avez accordé les honneurs du Panthéon et décerné une statue à Jean-Jacques Rousseau. Votre Comité d'Instruction publique m'a chargé de vous soumettre ses vues sur cet acte solennel de justice nationale, sollicité par l'influence journalière du philosophe genevois sur les progrès de la morale publique, par cette renommée toujours croissante, qui s'élèverait à la fin contre vous si vous tardiez encore à lui donner son dernier éclat, en ouvrant à l'auteur du *Contrat social* et d'*Émile* les portes du Panthéon français.

La voix de toute une génération nourrie de ses principes et pour ainsi dire élevée par lui, la voix de la République entière l'y appelle, et ce temple, élevé par la patrie reconnaissante aux grands hommes qui l'ont servie, attend celui qui, depuis si longtemps, est placé en quelque sorte dans le Panthéon de l'opinion publique.

Sans doute, ces honneurs sont légitimement dus aux citoyens qui, soit par leurs talents, soit par leur courage, ont, aux dépens de leur repos et même de leur vie, dirigé le vaisseau de l'Etat à travers les orages révolutionnaires; mais il est possible, et déjà même il n'est pas sans exemple, que ces mêmes honneurs que l'enthousiasme a décernés, la justice les rétracte, lorsque le temps a fait tomber les masques, enlevé les superficies et montré à nu les hommes et les événements.

Au moment où tout un peuple fatigué d'un long esclavage est poussé vers la liberté par les excès du despotisme, où, se débattant dans les fers, il n'a besoin pour les briser que d'un mouvement énergique et rapide; où il s'agite dans tous les sens, cherchant la voie dont ses vieilles habitudes le tiennent encore écarté, n'ayant que le sentiment confus de ses droits, sans pouvoir trouver dans son langage trop longtemps asservi ces locutions puissantes qui font pâlir la tyrannie et commandent à l'esclave de s'affranchir; s'il se lève, par exemple, au milieu de ce peuple un homme d'un génie bouillant, audacieux, passionné, un homme dont l'éloquence mâle, la voix, les mouvements impétueux, la figure remarquable, fût-ce par sa laideur, frappent les regards, fixent l'attention et se gravent dans la mémoire; si cet homme se jette dans le courant des premières agitations populaires; si, lorsque la révolution bouillonne, il en précipite et en dirige le torrent, son idée se joint bientôt à celle de la Révolution même, il forme, lui seul, une puissance, lui seul, une de ces causes agissantes et terribles dont l'action simultanée change la face des Empires. Et le peuple, affranchi du joug, croyant l'être par lui, le poursuit d'applaudissements, environne de gloire sa pompe funèbre, invente pour lui des triomphes inusités et de nouvelles apothéoses.

Mais à l'instant où il n'est plus, où ses moyens de séduction et ses prestiges personnels sont évanouis, où le cours des choses a emporté les circonstances, soit locales, soit temporaires, qui faisaient une partie de son influence et de sa renommée, s'il se découvre que cet homme fut vendu à d'autres intérêts qu'à ceux du peuple, qu'il fut le partisan secret, le complice du trône et l'instrument de la tyrannie; si l'on ne voit plus à la place de ses talents avilis et de ses vertus imaginaires que vices, qu'intrigues, immoralité, corruption, alors le peuple indigné se soulève contre sa mémoire, une juste vengeance renverse les monuments élevés par une reconnaissance aveugle, et l'idole, arrachée du sanctuaire est brisée, et foulée avec dédain.

Le même revers n'est point à craindre pour le grand homme que vous y allez placer; seul, sans appui, sans prôneurs, il osa, au milieu d'un peuple endormi dans les fers, professer hautement, en face du despotisme, la science de la liberté. Dans un temps où tous les hommages étaient pour la naissance, les grandeurs, le crédit, les richesses, il fronda tous les vieux préjugés, proclama l'égalité naturelle, mit à leur véritable place, c'est-à-dire au niveau du néant, les rangs et les privilèges; il heurta de front les gens en faveur, versa sur la coupable et stupide opulence tout le mépris de la sagesse et toute l'indignation de la vertu. Il fit plus : il tira d'un injuste et avilissant oubli les professions utiles; il nous apprit à honorer le travail, la pauvreté, le malheur, à chercher dans l'humble atelier ou dans la chaumière obscure les vertus, les mœurs, la véritable dignité comme le vrai bonheur; en un mot, à dédaigner tout ce que déifiaient l'insanie et la corruption des hommes, et à couvrir de considération et d'estime ce que méprisait leur fol orgueil.

Son âme ne respirait que pour la liberté des hommes, et voilà pourquoi il fut si étranger au milieu de ses contemporains; il voulut les forcer à se connaître; ils s'étaient trop avilis devant les tyrans pour ne pas l'en punir. Pauvre, errant, persécuté par Genève, sa patrie, banni de deux îles hospitalières où il voulut s'ensevelir avec sa renommée, fuyant la France à la lueur des flammes qui dévoraient ses ouvrages, il doit avoir des autels chez les peuples libres, celui qui ne trouva que des échafauds sous les tyrans.

Si les honneurs, qui lui sont enfin rendus, sont tardifs, ils n'en seront que plus durables, et nul retour d'opinion n'est à redouter pour lui, puisque la voix des peuples, qui les sollicite, est déjà la voix de la postérité.

Tous les publicistes, qui ont considéré J.-J. Rousseau dans son rapport avec la Révolution française, ont surtout vanté l'influence du *Contrat social* et de ses autres écrits politiques. Il est vrai que dans ses immortels ouvrages, et surtout dans le premier, il développa les véritables principes de la théorie sociale et remonta jusqu'à l'essence primitive des associations humaines. Peut-être lui fallut-il autant de courage pour aborder alors en France ces questions délicates que de vigueur d'esprit pour les traiter.

En France, où la force d'opinion avait écrasé la force réelle, il soutint le droit de réprimer par la force le prétendu droit du plus fort ; en France, où le gouvernement se jouait sans pudeur des biens, des mœurs, des lois et des libertés, il rappela aux gouvernés leurs prérogatives usurpées par les gouvernants ; en France, où les rangs étaient pris pour des droits, où ils s'opprimaient graduellement entre eux et pesaient tous ensemble sur le peuple, il proclama l'égalité des droits et l'inaliénable souveraineté du peuple, fondement de toute association légitime.

Le *Contrat social* semble avoir été fait pour être prononcé en présence du genre humain assemblé, pour lui apprendre ce qu'il a été et ce qu'il a perdu. L'auteur immortel de cet ouvrage s'est associé en quelque sorte à la gloire de la création du monde, en donnant à ses habitants des lois universelles et nécessaires comme celles de la nature, lois qui n'existaient que dans les écrits de ce grand homme avant que vous en eussiez fait présent aux peuples.

Mais les grandes maximes, développées dans le *Contrat social*, toutes évidentes, toutes simples qu'elles nous paraissent aujourd'hui, produisirent alors peu d'effet. On ne les entendit pas assez pour en profiter, ni pour les craindre.

Elles étaient trop au-dessus de la portée commune des esprits et même de la portée de ceux qui étaient ou croyaient être supérieurs aux esprits vulgaires. C'est, en quelque sorte, la Révolution qui nous a expliqué le *Contrat social*.

Il fallait donc qu'un autre ouvrage nous amenât à la Révolution, nous élevât, nous instruisît, nous façonnât pour elle ; et cet ouvrage, c'est *Emile*, le seul code d'éducation sanctionné par la nature.

Le nom seul de cet ouvrage rappelle d'abord de grands services rendus à l'humanité : l'enfance délivrée des liens barbares qui la déformaient et de l'instruction servile qui l'abrutissait ; la méthode de la raison substituée à celle des préjugés et de la routine ; l'enseignement rendu facile pour celui qui le reçoit, et la route de la vertu aplanie comme celle de la science ; les mères, égarées jusque-là par la dissipation du monde, ramenées par une éloquence irrésistible et par l'attrait du plaisir au plus doux comme au plus sacré de leurs devoirs. Une foule d'écrivains avaient prouvé, avant Jean-Jacques Rousseau, que les mères devaient nourrir leurs enfants ; mais Rousseau, dit un naturaliste célèbre, le commanda et se fit obéir.

C'est déjà une révolution immense opérée dans nos institutions et dans nos mœurs ; mais, de plus, dans ce même livre, le peuple et les tyrans, les riches et les pauvres, les arts de luxe et les arts utiles étaient si bien mis à leur véritable place ; à toutes les sottises d'un régime absurde et fait seulement pour des esclaves, étaient si naturellement substitués tous les principes d'un régime sage et digne de l'homme, qu'il fallait, ou en quitter la lecture, ce que l'entraînante séduction du style rendait presque impossible, ou se nourrir, même en dépit de soi, de ces germes féconds d'une régénération prochaine.

Reculons vers le passé, reportons-nous par la pensée à l'ancien régime et figurons-nous entendre pour la première fois ces paroles :

« Dominé par ce qui l'entoure, sujet de ses ministres, qui le sont à leur tour de leurs commis, de leurs maîtresses et des valets de leurs valets, un despote est à la fois la plus vile et la plus méprisable des créatures. »

« C'est le peuple qui compose le genre humain ; ce qui n'est pas le peuple est si peu de chose que ce n'est pas la peine de le compter. »

« C'est la campagne qui fait le pays, et c'est le peuple de la campagne qui fait la nation. »

« Quand les pauvres ont bien voulu qu'il y eût des riches, les riches ont promis de nourrir tous ceux qui n'auraient de quoi vivre, ni par leur bien, ni par leur travail. Je ne suis maître du bien qui passe par mes mains qu'avec cette condition qui est attachée à sa propriété. »

Ne sont-ce pas là, citoyens, des maximes révolutionnaires ; non pas de cette Révolution qui était toute au profit de l'intrigue et de l'opulence, mais de cette Révolution qui est la vôtre et que vous voulez tourner tout entière au profit du peuple et de la vertu ?

Eh bien ! toutes les pages d'*Emile*, du *Contrat social* et du *Discours sur l'inégalité des conditions*, réfléchissent ces grandes maximes.

Rousseau sentait fortement la nécessité de reconstruire l'édifice social, et de tous les écrivains qui ont prédit une révolution générale, aucun ne s'est expliqué plus clairement que lui.

C'est dans ce passage remarquable de son *Emile*, où il prescrit avec tant de force et développe avec tant d'éloquence la nécessité d'apprendre à tout citoyen un art mécanique, précepte qui donna lieu dans ce temps à tant de plates plaisanteries sur le gentilhomme menuisier. Esprits corrompus et frivoles, pour qui un noble oisif était tout, vous croyiez au-dessous de ce que vous appeliez fastueusement un gentilhomme de trouver des moyens honorables d'exister dans le travail de ses bras.

« Vous vous fiez, disait ce prévoyant et sage instituteur, à l'ordre actuel de la société, sans songer que cet ordre est sujet à des révolutions inévitables et qu'il vous est impossible de prévoir ni de prévenir celle qui peut regarder vos enfants. Le grand devient petit, le riche devient pauvre, le monarque devient sujet. Les coups du sort sont-ils si rares que vous puissiez compter d'en être exempts? Nous approchons de l'état de crise et du siècle des révolutions. Tout ce qu'ont fait les hommes, les hommes peuvent le détruire ; il n'y a de caractères ineffaçables que ceux qu'imprime la nature, et la nature ne fait ni princes, ni riches, ni grands seigneurs. »

« Je tiens pour impossible, ajoutait-il (et déjà les triomphes de nos principes et de nos armes garantissent la vérité de cet oracle), je tiens pour impossible que les grandes monarchies de l'Europe aient encore longtemps à durer. Toutes ont brillé, et tout Etat qui brille est sur son déclin. J'ai de mon opinion des raisons plus particulières que cette maxime, mais il n'est pas à propos de les dire, et chacun ne les voit que trop. »

C'est ainsi, que dans toutes ses conceptions politiques, l'illustre philosophe génevois devance ses contemporains, franchit son siècle et pense comme la postérité.

Hâtez-vous donc, citoyens, d'arracher ce grand homme à sa tombe solitaire, pour lui décerner les honneurs du Panthéon et le couronner de l'immortalité. Honorez en lui le génie bienfaiteur de l'humanité ; honorez l'ami, le défenseur, l'apôtre des mœurs et de la liberté, le promoteur des droits de l'homme, l'éloquent précurseur de cette Révolution que vous êtes appelés à terminer pour le bonheur des peuples ; honorez en lui les travaux et les arts utiles pour lesquels il brava le rire insultant de la frivolité ; honorez l'homme solitaire et champêtre qui vécut loin de la corruption des villes et loin du faux éclat du monde, pour mieux connaître, mieux sentir la nature et y ramener plus puissamment ses semblables. Honorez en lui le malheur ; car il est douloureux et peut-être inévitable que le génie et la vertu soient en butte à la calomnie, à la persécution des hommes, lors même qu'ils s'occupent des moyens de les rendre heureux, et Rousseau paya plus qu'un autre cette dette du génie et de la vertu. Honorez-vous enfin vous-mêmes, en honorant l'homme de génie qui fut le plus éloquent de vos instituteurs dans l'art sublime de policer les peuples et justifiez cette autre prédiction de ce grand homme, non moins infaillible que la première :

« Quand vous verrez la vérité, écrivait-il à un jeune ami, il ne sera pas pour cela temps de la dire : il faut attendre les révolutions qui lui seront favorables ; c'est alors que le nom de mon ami, dont il faut maintenant se cacher, honorera ceux qui l'ont porté et qui rempliront les devoirs qu'il leur impose. »

La jalousie des talents supérieurs se vengea toujours sur le caractère. Pouvait-elle épargner un écrivain dont le nom remplissait l'Europe ? J'ai visité dans un recueillement religieux la vallée solitaire où le grand homme passa les dernières années de sa vie ; j'ai demeuré plusieurs jours au milieu des agriculteurs paisibles qu'il voyait souvent dans tout l'abandon de l'amitié ; *il était bien triste*, me disaient-ils, *mais il était bien bon !*... J'ai cherché la vérité dans la bouche des hommes qui sont restés près de la nature.

Nous n'avons pas oublié, citoyens, que c'est un examen et non un panégyrique que vous nous avez chargé de vous présenter. Nous n'avons pas oublié que Rousseau a accusé les sciences d'une partie des maux qui ont affligé l'espèce humaine. Un écrivain, disait-on, qui appuie de semblables paradoxes, a-t-il donc tant de droits à la reconnaissance des nations libres ? Ingrats, vous n'ignorez pas quelle en fut la cause ! L'abus que vous en avez trop souvent fait a été si funeste aux hommes que, dans l'aliénation de sa douleur, il aurait voulu les replonger dans l'ignorance et dans l'état de sauvages. Respectez cet heureux délire ; il n'appartient qu'à l'ami de l'humanité d'en éprouver de semblables.

Jean-Jacques s'est élevé contre les sciences ; mais ses ouvrages prouvent combien il s'en est occupé. Non, elles ne sont pas contraires au bonheur des peuples ; ce sont elles qui relèvent l'homme dans le malheur ; elles consolèrent Boèce dans les fers ; elles purifient les âmes de leurs sectateurs fidèles ; que d'hommes parmi vous leur doivent et leurs plaisirs et leurs vertus ! Ce sont elles qui répandent des lumières terribles sur les violateurs des principes. L'homme qui sait penser ne saurait être esclave !

Votre Comité a délibéré sur le caractère qu'on pouvait donner à cette pompe solennelle : il a pensé qu'elle devait retracer les différents titres de J.-J. Rousseau à l'admiration et à la reconnaissance publique.

La musique qu'il cultiva et qu'il rendit pour ainsi dire à son innocence primitive ; la botanique dont il fit une douce et consolante étude ; les arts mécaniques qu'il fit respecter ; les droits de l'homme qu'il réclama, le premier ; les mères et les enfants qu'il reporta en quelque sorte entre les bras de la nature ; le peuple qu'il contribua à rendre libre, représenté par nos frères de Paris ; la république de Genève qui a enfin vengé sa mémoire des outrages des aristocrates génevois, représentée par l'envoyé de cette République et par les patriotes de Genève établis à Paris ; les habitants d'Ermenonville qui ont possédé longtemps ses dépouilles mortelles ; des citoyens de la commune de Groslay et de celle de Montmorency, qui ont vu naître parmi eux ses plus beaux ouvrages et qui lui ont, les premiers, élevé un monument champêtre ; enfin, la Convention nationale.

Mais il nous a semblé que le monument consacré à J.-J. Rousseau, à l'ami de la campagne et de la nature, ne devait être que provisoirement placé dans le temple même des grands hommes. Si le vœu des amis des arts est rempli, ce temple ne restera point isolé au milieu de l'immense emplacement qui l'environne ; on a proposé depuis longtemps de l'entourer d'une vaste plantation d'arbres dont l'ombre silencieuse ajouterait au sentiment religieux qu'inspire ce monument funéraire. Il serait facile de ménager dans ce bois auguste une enceinte de peupliers au milieu de laquelle serait définitivement placé le monument élevé à l'auteur d'*Emile*. Depuis sa mort il semble que l'idée de cet arbre mélancolique est devenue en quelque sorte inséparable de celle de son tombeau, et ce spectacle attendrissant rappellerait à jamais aux âmes sensibles le souvenir des bocages d'Ermenonville.

Voici le plan de la fête :

Le cortège sera composé :

1° D'un groupe d'artistes musiciens, exécutant des airs du *Devin du village* et autres airs de la composition de J.-J. Rousseau.

2° D'un groupe de botanistes avec des faisceaux de plantes.

Inscription :

L'étude de la nature le consolait des injustices des hommes.

3° D'un groupe d'artistes de toute espèce avec les instruments de leur métier.

Inscription :

Il réhabilita les arts utiles.

4° D'un groupe de députés des sections de Paris, portant en tête les tables des droits de l'homme.

Inscription :

Il réclama le premier ces droits imprescriptibles.

STATUE DE LA LIBERTÉ.

5° D'un groupe de mères vêtues à l'antique, les unes tenant par la main des enfants en âge de suivre le cortège, les autres en portant de plus jeunes dans leurs bras.

Inscription :

Il rendit les mères à leurs devoirs et les enfants au bonheur.

STATUE DE ROUSSEAU

avec cette inscription :

Au nom du Peuple français,
La Convention nationale
A Jean-Jacques Rousseau,
An IIe de la République.

6° D'un groupe d'habitants de Franciade et des communes de Groslay et de Montmorency.

Inscription :

C'est au milieu de nous qu'il fit *Héloïse*, *Émile* et le *Contrat social*.

7° D'un groupe d'habitants de la commune d'Ermenonville, autour de l'urne cinéraire, sur laquelle sont gravés ces mots :

Ici repose l'ami de la nature et de la vérité.

8° D'un groupe de Génevois avec l'ambassadeur de la République.

Inscription :

Genève aristocrate l'avait proscrit,
Genève régénérée a vengé sa mémoire.

9° Convention nationale, entourée d'un ruban tricolore.

VII

Les Ecoles normales.

Séance d'ouverture de l'École normale de Paris. — Professeurs et élèves.

Ce n'était pas tout que d'avoir décrété la création des écoles primaires ; on n'improvise pas des instituteurs, il fallait en assurer le recrutement régulier. Lakanal le comprit et c'est, sur son initiative, que la Convention décréta en octobre 94 (2 brumaire an III) la fondation des écoles normales.

Voici le mémorable rapport qu'il lut en cette circonstance :

Citoyens représentants,

Je viens, au nom de votre Comité d'Instruction publique, vous présenter un plan d'organisation pour les écoles normales que vous avez décrétées. A ce nom seul d'organisation des écoles, un grand intérêt et une grande attente se réveillent dans la nation et dans la Convention. Il y a quelques mois, des hommes, qui avaient leurs motifs pour vouloir tout couvrir de ténèbres, étaient prêts à traiter de criminels ceux qui vous auraient parlé d'instruction et de lumières ; c'est surtout des tyrans que vous avez renversés qu'il était vrai de dire qu'ils craignaient les hommes éclairés, comme les brigands et les assassins craignent les réverbères. Aujourd'hui, la Convention gouverne seule la nation qu'elle représente ; et le cri unanime de la France et de ses législateurs demande un nouveau système d'enseignement pour répandre sur tout un peuple des lumières toutes nouvelles.

Il y a longtemps que nous nous sentions pressés de vous parler de cet objet qui doit à la fois dominer la Révolution dans la République française, et en commencer une dans l'esprit humain ; et nous avons espéré qu'en faveur d'un intérêt si grand, vous nous permettrez de vous en entretenir avec quelque étendue.

On s'est étonné que depuis cinq ans que la révolution est commencée, elle n'ait rien fait encore pour l'instruction, et moi-même j'ai gémi souvent de ce long retard, comme s'il avait occasionné des pertes irréparables, et comme s'il avait été possible de donner plus tôt à la France un bon système d'éducation.

De tels regrets annoncent que nous avons consulté l'impatience de nos désirs plus que la nature des choses, et nos vœux plus que nos moyens.

Pour entreprendre avec succès d'établir un plan d'instruction publique, sur lequel l'esprit humain puisse fonder des espérances qui soient grandes et qui soient légitimes, plusieurs conditions sont nécessaires. Il faut d'abord que les principes du gouvernement soient tels, que, loin d'avoir rien à redouter des progrès de la raison, ils y puisent toujours une nouvelle force et une nouvelle autorité. Il faut ensuite que l'expérience, soit celle du temps, soit celle des malheurs, ait consolidé ce gouvernement, bon par sa nature ; qu'il soit plein de vie et de mouvement, mais qu'il ne soit plus tourmenté par des orages ; que la liberté n'ait plus aucune conquête à faire, et que le peuple tout entier ait senti que pour repousser à jamais les attaques criminelles de la monarchie et de l'aristocratie, il faut soumettre la démocratie à la raison ; il faut enfin que l'esprit humain ait fait assez de progrès pour être sûr de posséder les méthodes et les instruments avec lesquels il est facile d'éclairer tous les esprits et de faire tous les progrès.

Jusqu'à cette époque, peut-être jusqu'au moment où je vous parle, aucune de ces conditions n'a existé. De tout temps, les philosophes qui ont eu quelque génie, ont connu ou soupçonné la puissance d'une bonne éducation nationale ; de tout temps, ils ont deviné qu'elle pourrait améliorer toutes les facultés et changer en bien toutes les destinées de l'espèce humaine; et, avec cette simplicité de caractère qu'on nourrit dans la retraite et dans les profondes méditations, les philosophes ont proposé quelquefois leurs vues à ce sujet à des rois..... C'était leur proposer de mettre à bas leur trône. Mais les tyrans ont leur instinct comme les bêtes féroces ; sans beaucoup comprendre ce qu'on leur proposait, ils le redoutaient beaucoup; ils sentaient confusément que, si les peuples apprenaient à penser, ils apprendraient à être libres, et que les monarchies, fondées sur tant de prestiges, perdraient toutes leurs bases, si les hommes perdaient leurs préjugés et leurs erreurs. Aussi ceux-là mêmes qui, sur les trônes, ont compté les plaisirs de l'esprit parmi les jouissances dont ils se servaient pour se consoler de l'ennui de la puissance, se sont-ils bien gardés d'établir dans leur empire ces plans d'éducation propres à révéler au peuple et les secrets de sa raison et les secrets de sa grandeur.

D'Alembert a été auprès de Frédéric, et Diderot a été auprès de Catherine ; et la Russie est restée peuplée de barbares, et la Prusse est restée esclave.

En France, avant la Révolution, l'*Emile* parut un roman encore plus que l'*Héloïse*, et tandis que nos livres semaient dans toute l'Europe le goût de la bonne instruction et les sentiments généreux de la nature et de la liberté, l'intelligence et l'âme naissante de nos enfants étaient comprimées et étouffées dans les sombres écoles de cette Université qui ne rougissait pas de s'appeler la fille aînée des rois.

A la Révolution de 89, amenée par les lumières répandues sur une petite partie de la nation, l'espérance la plus brillante, l'attente la plus universelle étaient celles d'un nouveau plan d'éducation qui mettrait la nation tout entière en état d'exercer dignement cette souveraineté qui lui était rendue. On était impatient de voir remplir par des principes le vide immense que laissaient dans les esprits tant de préjugés anéantis. Mais l'Assemblée constituante, enorgueillie tout à la fois et fatiguée de toutes ces destructions, était arrivée sans force et sans courage au moment des grandes créations. En rassemblant et en révisant à la hâte les parties éparses de sa constitution, elle les avait comme flétries par les regards et par la faiblesse de ses derniers moments ; elle avait voulu concilier deux choses inconciliables de leur nature, la royauté et la liberté. Elle ne pouvait plus savoir quel génie il fallait donner à la nation, puisqu'elle avait uni deux génies opposés et ennemis dans ses lois ; et lorsqu'on vint proposer à sa tribune un plan d'instruction publique, travaillé avec soin, elle en écouta la lecture comme si elle n'eût été qu'une académie, et comme si l'ouvrage n'eût été qu'un discours philosophique ! et ce sujet, dans la régénération d'un peuple, est incontestablement la partie la plus importante, après que la souveraineté est reconnue, et les pouvoirs dans lesquels on en divise l'exercice, déterminés. L'instruction publique fut renvoyée à l'Assemblée législative.

Ceux qui avaient quelque pénétration d'esprit et quelque étendue de jugement, prévirent, dès lors, qu'une Assemblée législative ne donnerait pas une nouvelle éducation nationale à la France. L'éducation, en effet, tient si essentiellement aux premières institutions sociales d'un peuple, la constitution doit être tellement faite pour l'éducation, et l'éducation pour la constitution, que toutes les deux sont manquées si elles ne sont pas l'ouvrage des mêmes esprits, du même génie, si elles ne sont pas en quelque sorte des parties corrélatives d'une seule et même conception. L'Assemblée législative, qui n'était pas fâchée peut-être d'une mission qui la forçait à se ressaisir d'une portion du pouvoir constituant, ordonna un grand travail. Il fut préparé sur des vues très vastes. Un esprit véritablement philosophique coordonna toutes les connaissance humaines dans un plan d'enseignement public. Tous les foyers de toutes les lumières étaient tracés : à qui pouvait-on confier le soin de faire jaillir la lumière de ces foyers ? A un roi qui avait le plus grand intérêt à l'étouffer, ou à des corps administratifs que ce roi avait mille moyens de faire entrer dans ses intérêts ? Ou l'instruction aurait renversé le trône, ou le trône aurait corrompu l'instruction.

Ce fut un spectacle curieux et instructif, mais affligeant pour les observateurs, de voir alors l'Assemblée législative cherchant de toutes parts et des moyens d'écarter la puissance exécutive de la constitution sans avoir l'air de la détruire, et des moyens de trouver un pouvoir exécutif de l'éducation plus digne de sa confiance, sans avoir l'air de le créer. Le temps se consuma dans ces recherches dont le but était louable, mais dont la finesse était peu digne de la majesté d'une représentation nationale. Les événements, en quelque sorte, se soulevèrent contre ces limites constitutionnelles, qui étaient des barrières élevées entre les lois du peuple français et ses pensées les plus sublimes et ses plus hautes destinées ; le trône brisé fit jeter un cri de joie à la France et d'épouvante aux despotes de l'Europe; la Convention nationale parut, et le plan d'instruction de l'Assemblée législative, comme celui de l'Assemblée constituante, ne fut plus qu'une brochure.

Née au milieu de tant d'événements qui ébranlaient le monde, incessamment agitée par de nouveaux événements qui naissaient dans son sein et hors de son sein, et auxquels il fallait faire face, la Convention nationale n'a pas pu et n'a pas dû s'occuper en même temps du soin d'éclairer la France, et du soin de la faire triompher. Elle a fait quelques essais pour l'instruction publique, et les a abandonnés, parce qu'elle a senti que le moment n'était pas venu encore où elle pourrait opérer avec toute la grandeur de ses vues, de ses intentions et de ses moyens. Ce n'est pas au moment où la tempête soulève tous les flots, que l'architecte naval jette les fondements de l'ouvrage qui doit encaisser et contenir l'océan ; il attend au moins les derniers sifflements et les derniers murmures de l'orage. Lorsque du milieu de tant de crises, de tant d'expériences morales si nouvelles, il sortait tous les jours de nouvelles vérités, comment songer à poser par l'instruction des principes immuables? Les hommes de l'âge le plus mûr, les législateurs eux-mêmes, devenus les disciples de cette foule d'événements qui éclataient à chaque instant comme des phénomènes, et qui, avec toutes les choses, changeaient toutes les idées, les législateurs ne pouvaient pas se détourner de l'enseignement qu'ils recevaient, pour en organiser un à l'enfance et à la jeunesse : ils auraient ressemblé à des astronomes qui, à l'instant où des comètes secouent leur chevelure étincelante sur la terre, se renfermeraient dans leur cabinet pour écrire la théorie des comètes. C'était une nécessité, c'était une sagesse d'attendre la fin de ce grand cours d'observations sociales que nos malheurs mêmes avaient ouvert devant nous.

Le temps, qu'on a appelé le grand maître de l'homme, le temps devenu si fécond en leçons plus terribles et mieux écoutées, devait être en quelque sorte le professeur unique et universel de la République.

Tel a été l'état de la France ; mais elle en sort... Les événements, qui ne s'arrêtent point, se calment. Au dehors, nous n'avons plus qu'un cours régulier de victoires ; au dedans, nous ne sommes plus agités que par le besoin de réparer les insultes faites à la justice, et de fermer les plaies faites à l'humanité. Toutes les crises ont rendu l'égalité des hommes plus parfaite, et tous les malheurs ont fait comprendre qu'il faut donner à la République une puissance exécutrice de ses lois, sous qui tout plie avec grandeur et se nivelle avec fraternité. L'égalité n'est plus seulement un principe, mais un sentiment; et le besoin de l'empire des lois n'est plus seulement une théorie, mais une passion, comme l'amour de la vie et l'horreur de la mort.

L'Europe se soumet à la puissance de la République, la République se soumet à la puissance de la raison.

C'est le moment où il faut préparer celui où la Révolution s'arrêtera dans son accomplissement... C'est le moment où il faut rassembler dans un plan d'instruction publique digne de vous, digne de la France et du genre humain, les lumières accumulées par les siècles qui nous ont précédés, et les germes des lumières que doivent acquérir les siècles qui nous suivront.

Vous n'avez plus à craindre de rendre immuables par l'enseignement les principes de l'ordre social que vous professez. Ce n'est pas une vaine idolâtrie, ce n'est pas un aveugle enthousiasme pour nos dogmes nouveaux qui nous persuade qu'ils sont les meilleurs, qu'ils sont les seuls bons; c'est une démonstration aussi rigoureuse que celle des sciences les plus exactes. Plus la raison humaine fera de progrès, plus cette démonstration deviendra évidente. Vous devez donc poser l'instruction sur cette base; elle est éternelle; d'une autre part, l'esprit humain tantôt si timide, tantôt si audacieux dans sa marche, et plus écarté encore des vrais sentiers par son audace que par sa timidité; l'esprit humain, conduit au hasard quand il se dirigeait bien comme quand il errait, a trouvé, après tant de siècles d'égarement, la route qu'il devait suivre et la mesure des pas qu'il devait faire. Bacon, Locke et leurs disciples, en approfondissant sa nature, y ont trouvé tous ses moyens de direction; un nouveau jour s'est répandu sur les sciences qui ont adopté cette méthode si sage et si féconde en miracles, cette analyse qui compte tous les pas qu'elle fait, mais qui n'en fait jamais un ni en arrière, ni à côté. Elle peut porter la même simplicité de langage, la même clarté dans tous les genres d'idées; car, dans tous les genres la formation de nos idées est la même, les objets seuls diffèrent. Par cette méthode qui seule peut opérer ce que demandaient Bacon et Locke, qui seule peut recréer l'entendement humain, les sciences morales si nécessaires aux peuples qui se gouvernent par leurs propres vertus, vont être soumises à des démonstrations aussi rigoureuses que les sciences exactes et physiques. Par elle, on répandra sur les principes de nos devoirs une lumière si vive, qu'elle ne pourra pas être obscurcie par le nuage même de nos passions; par elle enfin, lorsque, dans un nouvel enseignement public, elle deviendra l'organe universel de toutes les connaissances humaines et le langage de tous les professeurs, ces sciences qu'on appelait hautes, parce que ceux mêmes qui les enseignaient étaient trop au-dessous d'elles, seront mises à la portée de tous les hommes à qui la nature n'a pas refusé une intelligence commune. Tandis que la liberté politique et la liberté illimitée de l'industrie et du commerce détruiront les inégalités monstrueuses des richesses, l'analyse appliquée à tous les genres d'idées, dans toutes les écoles, détruira l'inégalité des lumières, plus fatale encore et plus humiliante. L'analyse est donc essentiellement un instrument indispensable dans une grande démocratie; la lumière qu'elle répand a tant de facilité à pénétrer partout, que, comme tous les fluides, elle tend sans cesse à se mettre à niveau.

Aucune objection raisonnable ne peut être opposée à ces idées et à ces espérances, tant qu'elles restent dans la spéculation et dans la théorie.

Une grande difficulté se présentait à l'entrée même de leur exécution lorsqu'on voulait les réaliser.

Où trouver un nombre suffisant d'hommes pour enseigner, dans un si grand nombre d'écoles, des doctrines si nouvelles, avec une méthode si nouvelle elle-même ? Il ne faut pas les chercher dans les instituteurs des écoles anciennes ; ils n'y seraient pas propres. En général, les universités étaient au-dessous des académies ; elles-mêmes étaient au-dessous des vues par lesquelles vous voulez opérer une révolution dans l'esprit humain. Existe-t-il en France, existe-t-il en Europe, existe-t-il sur la terre deux ou trois cents hommes (et il nous en faudrait davantage) en état d'enseigner les arts utiles et les connaissances nécessaires, avec ces méthodes qui rendent les esprits plus pénétrants et les vérités plus claires ; avec ces méthodes qui, en vous apprenant une chose, vous apprennent à bien raisonner sur toutes ? Non : ce nombre d'hommes, quelque petit qu'il paraisse, n'existe nulle part sur la terre. Il faut donc les former, et, par ce cercle vicieux et fatal dans lequel semblent toujours rouler les destinées humaines, il semble que pour les former, il faudrait déjà les avoir.

C'est ici qu'il faut admirer le génie de la Convention nationale. La France n'avait point encore les écoles où les enfants de six ans doivent apprendre à lire et à écrire, et vous avez décrété l'établissement des écoles normales, des écoles du degré le plus élevé de l'instruction publique.

L'ignorance a pu croire qu'intervertissant l'ordre essentiel et naturel des choses, vous avez commencé ce grand édifice par le faîte ; et je ne crains pas de le dire, c'est à cette idée, qui paraît si extraordinaire, qui s'est présentée si tard, que vous serez redevable du seul moyen avec lequel vous pouviez organiser, sur tous les points de la République, des écoles où présidera partout également cet esprit de raison et de vérité dont vous voulez faire l'esprit universel de la France.

Qu'avez-vous voulu, en effet, en décrétant les écoles normales les premières, et que doivent être ces écoles ? Vous avez voulu créer à l'avance pour le vaste plan d'instruction publique qui est aujourd'hui dans vos desseins et dans vos résolutions, un très grand nombre d'instituteurs capables d'être les exécuteurs d'un plan qui a pour but la régénération de l'entendement humain dans une République de vingt-cinq millions d'hommes que la démocratie rend tous égaux.

Dans ces écoles, ce n'est donc pas les sciences que l'on enseignera, mais l'art de les enseigner ; au sortir de ces écoles, les disciples ne devront pas être seulement des hommes instruits, mais des hommes capables d'instruire. Pour la première fois sur la terre, la nature, la vérité, la raison et la philosophie vont donc aussi avoir un séminaire ; pour la première fois les hommes les plus éminents en tout genre de science et de talents, les hommes qui jusqu'à présent n'ont été que les professeurs des nations et des siècles, les hommes de génie vont donc être les premiers maîtres d'école d'un peuple, car vous ne ferez entrer dans les chaires de ces écoles que ces hommes qui y sont appelés par l'éclat non contesté de leur renommée dans l'Europe. Ici, ce ne sera pas le nombre qui servira, c'est la supériorité ; il vaut mieux qu'ils soient peu, mais qu'ils soient tous les élus de la science et de la raison ; tous doivent paraître dignes d'être les collègues des Lagrange, des Daubenton, des Berthollet, dont les noms se présentent tout de suite lorsqu'on pense à ces écoles où doivent être formés les restaurateurs de l'esprit humain.

Nous vous proposons d'appeler de toutes les parties de la République, autour de ces grands maîtres des citoyens désignés par les autorités constituées, comme ceux que leurs talents et leur civisme ont le plus distingués. Déjà pleins d'amour pour la science qu'ils posséderont, enflammés d'une nouvelle ardeur pour le choix honorable qu'on aura fait d'eux, ravis d'entendre parler de ce qu'ils aiment le plus des hommes dont ils regardent la gloire comme le dernier terme de l'ambition humaine, leurs progrès dans l'art qu'ils étudieront auront une rapidité qui ne peut être ni prévue, ni calculée.

Aussitôt que seront terminés à Paris ces cours de l'art d'enseigner les connaissances humaines, la jeunesse savante et philosophique qui aura ces grandes leçons, ira les répéter à son tour dans toutes les parties de la République d'où elle aura été appelée ; elle ouvrira partout des écoles normales : en repassant sur l'art qu'elle viendra d'apprendre, elle s'y fortifiera ; et en l'enseignant à d'autres, la nécessité d'interroger leur propre génie agrandira leurs vues et leurs talents. Cette source de lumières si pure, si abondante, puisqu'elle partira des premiers hommes de la République en tout genre, épanchée de réservoir en réservoir, se répandra d'espace en espace dans toute la France, sans rien perdre de sa pureté dans son cours.

Aux Pyrénées et aux Alpes, l'art d'enseigner sera le même qu'à Paris ; et cet art sera celui de la nature et du génie. Les enfants nés dans les chaumières auront des précepteurs plus habiles que ceux qu'on pouvait rassembler, à grands frais, autour des enfants nés dans l'opulence. On ne verra plus, dans l'intelligence d'une grande nation, de très petits espaces cultivés avec un soin extrême, et de vastes déserts en friche. La raison humaine, cultivée partout avec une industrie également éclairée, produira partout les mêmes résultats et ces ré-

Lakanal présidant le Comité d'Instruction publique.

sultats seront la récréation de l'entendement humain chez un peuple qui va devenir l'exemple et le modèle du monde.

Citoyens représentants, tels sont les points de vue sous lesquels l'institution des écoles normales s'est présentée à votre Comité d'Instruction publique. Cette idée, conçue par votre sagesse, est digne d'exciter votre enthousiasme. Revêtus du pouvoir sans bornes par la nature de votre mission, comme Convention, vous vous féliciterez sans doute d'avoir en vos mains, comme gouvernement révolutionnaire, des moyens tout prêts de faire avec rapidité ce bien immense à la République et au genre humain.

Un homme qu'il est permis de citer devant vous, puisqu'il a honoré le nom d'homme par ses vertus et ses talents, Turgot formait souvent le vœu de posséder pendant un an un pouvoir absolu, pour réaliser sans obstacles et sans lenteur tout ce qu'il avait conçu en faveur de la raison, de la liberté et de l'humanité ; il ne vous manque rien de ce qu'avait Turgot, et tout ce qui lui manquait, vous l'avez. La résolution que vous allez prendre va être une époque dans l'histoire du monde [1]

Nous empruntons au *Moniteur* du 9 pluviôse an II quelques détails sur l'*ouverture de l'Ecole normale.*

Dans la première séance on entendit un discours de C. Laplace, professeur de mathématiques, sur les erreurs de Leibnitz et de Newton, qu'il expliqua par les idées que ceux-ci avaient reçues dans leur enfance, en félicitant les élèves de l'Ecole normale du bonheur qu'ils avaient d'être appelés à former des instituteurs capables de donner une éducation dégagée de tous les préjugés. *(Applaudissements.)* — Puis vint un discours d'Haüy, professeur de physique, sur la distinction des théories et des systèmes.

Dans la seconde séance, continue le *Moniteur*, il a été

---

[1] L'idée de la création d'une école *où se formeraient des instituteurs pour les disséminer ensuite dans tous les districts*, idée déjà mise en avant par le Président Rolland d'Erceville, en 1763, avait été exposée par Barère, le 13 prairial an II, dans son rapport fait au nom du Comité du Salut public, sur *l'École de Mars.*

(Hippeau, *L'Instruction publique pendant la Révolution*.

proposé de voter une adresse à la Convention pour la remercier de l'établissement de l'École et la féliciter sur ses glorieux travaux.

Tous les élèves se sont levés spontanément et l'adresse a été votée à l'unanimité. Mais il s'agissait de la rédiger et alors on demandait la parole de toutes les parties de l'amphithéâtre. L'ordre ne peut s'établir dans une assemblée, sans quelqu'un qui la préside. Le doyen d'âge a été invité de prendre le fauteuil et on a vu monter au bureau un élève sexagénaire, le citoyen Bougainville, ancien chef d'escadre de nos armées navales, le même qui fit autrefois le tour du monde, découvrit l'île d'Othaïti dans la mer du Sud, et qui aujourd'hui vient s'asseoir comme élève à côté d'hommes qu'il pourrait instruire.

Le 3 pluviôse, 2e leçon : — des professeurs Busche et Mentelle, sur la géographie ; — Volney, sur l'histoire ; — Bernardin de Saint-Pierre, sur la morale ; — Daubenton, sur l'histoire naturelle.

« Lorsque le bon, le vertueux B. de Saint-Pierre, lorsque le respectable Daubenton se sont levés pour monter au bureau, c'est alors que les applaudissements unanimes et longtemps prolongés ont retenti dans l'amphithéâtre. L'oreille ne pouvait se lasser de les entendre, ni l'œil de les voir. Quelque chose de plus que l'attention suspendait tous les esprits : c'était de l'admiration, de l'attendrissement même, en voyant, en écoutant, ces vénérables interprètes de la morale et de la nature. Cet hommage universel que l'assemblée rendait à ces deux hommes illustres, aux amis de Jean-Jacques et de Buffon prouvait bien que les disciples de l'Ecole normale savent honorer *la vieillesse, les talents et les vertus.* »

VIII

L'Enseignement secondaire.

Création des Écoles Centrales.

Il ne suffisait pas d'avoir garanti à tout Français le minimum indispensable de connaissances sans lequel un citoyen est incapable d'exercer avec discernement ses droits ; ce n'était pas assez non plus d'avoir assuré le recrutement des professeurs. Il fallait aussi ne pas négliger, en l'abandonnant uniquement à l'initiative privée, cette instruction que les jeunes gens de la classe moyenne et aisée vont chercher dans les collèges et les lycées pour se préparer aux carrières libérales.

Ce fut encore sur le rapport de Lakanal que naquit l'enseignement secondaire en France, le 25 février 95 (7 ventôse an III), par la création des Ecoles centrales.

RAPPORT.

L'établissement des écoles primaires était la dette de la patrie envers chacun de ses enfants ; puisqu'elle leur doit la sûreté de leurs personnes et de leurs propriétés, elle leur doit essentiellement cette portée des lumières sans laquelle l'homme fut toujours la victime de l'imposture.

Réfutant les exagérations accréditées par la malveillance et le patriotisme irréfléchi au sujet des dépenses que pouvait entraîner l'organisation de l'instruction publique, Lakanal établit que les écoles primaires ne coûteront pas plus que le sixième des contributions ; chiffre très admissible, car, chez un peuple libre, l'instruction doit être l'objet principal sur le tableau de ses dépenses.

Les écoles primaires, continue-t-il, comme l'annonce le nom que vous leur avez donné, sont le vestibule du grand édifice promis depuis longtemps à l'impatience des Français : édifice que plusieurs architectes ont déjà construit par la pensée sans consulter le génie des temps et des lieux, et dont je vous présente aujourd'hui le plan géométral placé par votre Comité d'Instruction publique. Il dépend de vous de le voir s'élever avec majesté pour servir d'asile éternel aux sciences et aux arts, sans lesquels la liberté ne fera que passer sur la terre.

Pour cette vaste construction, il faut commencer par déblayer les débris des collèges où d'inutiles professeurs, étonnés de se trouver encore au poste des abus, rassemblent sur des ruines quelques élèves mendiés, soit pour jouir d'un salaire dont vous avez oublié de dégréver le trésor national, soit pour se soustraire eux et leurs disciples aux travaux et au mouvement de la Révolution. Ces professeurs sont dans le culte des arts se qu'étaient nos prêtres dans le culte de la divinité.

Les collèges contre lesquels réclamait la philosophie depuis tant de siècles, que Montaigne et J.-J. Rousseau ont dénoncés à la raison humaine comme les asiles de l'ignorance privilégiée, vont donc disparaître du sol de la France libre, et, sans aucune dépense nouvelle, vous allez trouver dans leurs décombres et dans la dotation qu'ils absorbaient plus de ressources qu'il ne vous en faut pour les établissements régénérateurs que nous vous proposons.

Un grand nombre de départements les ont réclamés par des adresses multipliées : Nous citerons les départements du Gers, du Tarn, des Bouches-du-Rhône, du Loiret, de la Sarthe, du Calvados, de l'Hérault, de l'Yonne, de l'Ardèche, de la Côte-d'Or, des Côtes-du-Nord, de l'Ariège, de la Dordogne, du Mont-Blanc, de la Moselle, des Hautes-Pyrénées, du Bas-Rhin, de la Charente-Inférieure et du Jura.

Ce ne sont pas des écoles secondaires. Elles sont devenues inutiles par l'étendue que vous avez donnée aux écoles ouvertes à l'enfance. Ces écoles présentent, en effet, tous les germes des connaissances qui seront enseignées dans les écoles centrales ; des établissements intermédiaires, des écoles de district ou de canton seraient superflues.

Le talent, qui seul doit s'élancer à ce nouveau degré de la hiérarchie scolaire, sera le lien de correspondance entre les écoles primaires et les écoles centrales. Des écoles secondaires formeraient aujourd'hui une institution aristocratique ; car, ou les jeunes citoyens sans fortune et obligés de se déplacer pour fréquenter ces écoles y seraient soutenus par les bienfaits de la nation, et dans ce cas vous la jetteriez dans des dépenses qu'elle ne pourrait soutenir que par des impositions oppressives, ou vous ne couvririez pas de la munificence nationale le mérite réduit à l'impossibilité de suivre à ses frais ces écoles secondaires, et dès lors encore inaccessibles aux élèves sans fortune; quoique destinées par la nature à parcourir avec succès la carrière des arts, ces écoles ne seraient qu'une création anti-populaire, un outrage sanglant fait aux principes de l'égalité.

D'un autre côté, les éléments auxquels on a toujours cru devoir borner l'instruction de l'adolescence, seront enseignés dans ces premiers établissements avec plus de choix et de variété sans y être amalgamés avec ceux d'une langue certainement utile, mais qui, devenue l'unique véhicule de toutes les idées, retardait infiniment la marche de l'esprit humain dans les premières années de la vie.

La jeunesse sera donc mieux instruite et en moins de temps ; il est bon, il est nécessaire que le plus grand nombre des jeunes citoyens, sans aspirer à une instruction plus étendue, se distribue, en quittant ces écoles, dans les champs, dans les ateliers, dans les magasins, sur vos navires, dans vos armées. Tous ceux qui doivent former la masse de la génération auront trouvé, dans les écoles primaires, tout ce qu'il fallait pour remplir avec honneur dans ces divers états leur rang de citoyen. Il serait funeste à la chose publique de lui ravir les hommes utiles, pour traîner encore pendant plusieurs années, dans de nouvelles écoles, des esprits vulgaires que la nature n'a pas prédestinés au génie.

Mais pour la gloire de la patrie, pour l'avancement de l'esprit humain, il faut que les jeunes citoyens, exceptés par la nature de la classe ordinaire, trouvent une sphère où leurs talents puissent prendre l'essor; quel que soit l'état où le hasard les ait fait naître, quelle que soit leur fortune, la nation s'empare de leur génie; elle les façonne pour elle bien plus que pour eux, elle en fait à ses frais un Euclide, ou un d'Alembert, un Quintilien ou un Rollin, un Locke ou un Condillac, un Drake ou un Lapeyrouse.

Elle rassemble pour ce grand ouvrage tout ce qu'elle a de ressources, parce que les employer de la sorte, c'est moins les consommer que les multiplier. Elle ne considère pas les dépenses d'un tel établissement, parce qu'elle sait qu'il est essentiellement lié à son existence publique. Elle ne dit pas : l'intérêt et l'amour-propre des particuliers, ou même la nature qui produit le génie, me garantissent tous ces avantages, parce qu'elle ne livre pas ainsi ses plus grands intérêts aux calculs de l'intérêt étranger ou aux chances du naturel ; elle ne remet pas cette organisation à des temps plus favorables, parce que les temps sont marqués par l'irrésistible nécessité ; oui, l'irrésistible nécessité ! La tyrannie a dévoré les génies les plus célèbres, les flambeaux des sciences à demi éteints, éclairent à peine quelques individus isolés et solitaires. Et si vous ne vous hâtez de les rallumer, la République va se perdre dans les ténèbres.

On vous a démontré déjà combien il est urgent de former des officiers de santé. Les communes les ont cédés aux armées où l'humanité, toujours sous le fer et dans le feu, réclame les secours les plus prompts. Vous propagerez la science de la vie, non comme autrefois, par des formules hiéroglyphiques et quelques adages applicables à tout, et par conséquent à rien ; mais par une étude approfondie de la nature, qui, pour la conservation des trois règnes, a combiné entre eux des actions réciproques et des rapports mutuels. C'est la connaissance de ces combinaisons éternelles qui formera notre système médical. Celui-là sera à l'abri des épigrammes du bel-esprit et du mépris des philosophes. L'homme qui le possédera sera le vrai conservateur de l'espèce humaine, et, par un rapprochement qui paraîtra singulier, mais qui n'en est pas moins réel, en guérissant les maux du corps, il portera le plus grand coup à l'incurable fanatisme, puisque quand les médecins sauront guérir, le peuple n'ira plus recourir à d'impuissantes reliques. C'est dans l'impossibilité de les adresser à un mortel habile dans cet art que la Grèce ouvrait à ses peuples le temple d'Esculape.

Tous les arts, toutes les sciences se tiennent et s'entrelacent ; mais il en est qui ont une connexion plus étroite ; il en est d'autres, pour ainsi dire supérieurs, qui entraînent dans le tourbillon une foule d'arts subordonnés qui sont comme leurs satellites. Ils sont faits pour se réfléchir mutuellement de leur lumière : ainsi la physique, la chimie, l'anatomie, l'histoire naturelle, quoique chacune ait sa sphère particulière et son existence à part, se rangent autour de la médecine et vous n'aurez fondé des écoles utiles pour celle-ci que lorsque les autres auront leurs chaires et leurs étudiants. Ce sont les membres d'un même corps ; la privation d'un seul arrête ou gêne l'action de tous les autres.

Nous avons depuis longtemps négligé les belles-lettres et

quelques esprits qui veulent passer pour profonds, regardent cette étude comme futile. S'ils avaient observé la marche de l'esprit humain, ils auraient vu toujours les belles-lettres s'élever comme l'aurore des sciences. Ce sont elles qui ouvrent l'esprit au jour de la raison et le cœur à l'impression du sentiment. Elles substituent la moralité à l'intérêt, elles polissent les peuples, elles exercent leur jugement, elles les rendent plus sensibles et en même temps plus dociles aux lois, plus capables de grandes vertus. Chez les peuples anciens qui ont marqué dans l'histoire, les lettres ont tenu lieu de toutes les sciences; ils n'avaient presque aucune vraie connaissance, mais ils étaient lettrés; ils avaient des poètes, des orateurs, des écrivains moraux, et ils ont été grands aux yeux de l'univers.

L'illustre philosophe de Genève, voyant dans la corruption les peuples éclairés, conclut que les lettres les avaient corrompus; il aurait dû dire qu'ils l'avaient été, non par les lettres, mais malgré les lettres, qui, dans cet état de décadence, modifiaient encore l'action du vice et rallumaient de temps en temps dans les âmes, le flambeau de l'honneur; oui, jusqu'à l'abus qu'on en a fait, tout prouve le bon usage qu'on pouvait en faire.

Encouragez donc l'étude et le perfectionnement des belles-lettres, ressuscitez les langues anciennes pour enrichir la nôtre de leurs trésors. Les auteurs de l'antiquité respirent l'amour sacré de la patrie, l'enthousiasme de la liberté, et cette haine vertueuse que l'être sensible doit aux oppresseurs de l'humanité. Approchez de vous les langues principales de l'univers moderne; ce n'est que par là que la vôtre pourra se perfectionner; et vos idées ne s'étendront, ne se rectifieront que par l'importation de toutes les idées étrangères. Dès lors, la poésie, a musique, l'éloquence qui agissent si fortement sur un peuple libre, prendront en France, le caractère qu'elles doivent avoir et qu'elles n'ont jamais eu. Dès lors, au lieu d'Anacréons, vous aurez des Tyrtées et des Homères; au lieu d'Isocrates, vous aurez des Démosthènes, surtout si par vos institutions, les grands principes de la morale républicaine deviennent populaires, et si votre législation sublime cesse d'être la science du petit nombre.

En général, on avait senti la nécessité de ces branches d'enseignement. On ne s'était trompé que sur la fin et les moyens. Mais pourquoi l'agriculture, le commerce, les arts et les métiers n'ont-ils jamais eu leurs écoles? Pourquoi les a-t-on livrés à la routine de l'instinct ou à l'intérêt de la cupidité? Croyait-on à l'impossibilité de les réduire en principes? ou pensait-on qu'en ce genre, les méprises fussent sans conséquence et la perfection sans valeur? Vous vengerez les arts et

les métiers, l'agriculture et le commerce de cet oubli des nations; non en allant comme les rois, poser sur le socle, en un jour solennel, une main protectrice: cette vaine cérémonie avilit ce qu'elle a l'air d'élever; mais vous assignerez des instituteurs qui abrègent, qui assurent la marche de l'industrie. L'expérience démontre l'utilité de ces sortes d'établissements. Le célèbre Smith a donné à Edimbourg des leçons sur le commerce, dont la réunion et l'ensemble ont formé l'*Essai sur la richesse des nations*, l'ouvrage peut-être le plus utile aux peuples de l'Europe. L'agriculture date des premiers jours du monde, et elle est à une distance immense de la perfection; c'est que la charrue, poussée au hasard, n'a jamais été précédée du flambeau de la réflexion; si elle est plus florissante sur les bords de la Tamise, c'est que la patrie reconnaissante y a l'œil sur le cultivateur et que le premier qui y sema du gland, d'où sortent les vaisseaux de ligne, a obtenu des statues éternelles.

Il est, sans doute, une foule d'exercices auxquels on élevait la jeunesse qu'il faut absolument proscrire de l'éducation nationale et livrer aux fantaisies des particuliers; mais il est du grand intérêt de la patrie de s'assurer que les mathématiques se cultivent et s'approfondissent parce qu'elles donnent le pli de la vérité, parce que sans elles l'astronomie et la navigation n'ont plus de guide, l'architecture civile et navale n'ont plus de règle, la science de l'artillerie et des sièges n'a plus de base. Rien, en un mot, de ce qui a quelque degré d'utilité publique ne doit être négligé dans votre système d'instruction gratuite, pas même le dessin, qui n'a été considéré jusqu'à présent que relativement à la peinture mais qui, sous le rapport du perfectionnement des sens, accoutume les yeux à saisir fortement les traits de la nature et est, pour ainsi dire, la géométrie des yeux, comme la musique est celle de l'oreille.

Voilà les principaux objets d'enseignement qui seront traités avec une certaine étendue dans les nouvelles écoles que nous nommons *centrales* parce qu'elles seront placées au centre des écoles primaires de chaque département et à la portée de tous les enseignés.

Quel plus beau spectacle que de voir dans toute la République s'élever ces savantes constructions où se réuniront, dans un foyer commun, les lumières de chacun? Vous y rassemblerez les hommes éclairés des collèges que vous allez supprimer; en les unissant aux élèves sortis des écoles normales, ils seront forcés d'en suivre la direction.

C'est là que les gens de lettres qui, cachés au fond de leur cabinet, y nourrissent solitairement le feu du génie, iront avec allégresse en répandre l'influence. C'est là aussi qu'après tant de campagnes célèbres, les amis des arts qui sont dans nos armées, viendront servir la patrie d'une manière aussi utile et moins dangereuse et unir les palmes des lettres aux lauriers de la victoire. C'est là enfin que vous recueillerez de tous les points de chaque département les divers monuments des arts qui doivent servir à leur reproduction ; dispersés, ils sont sans objet et sans utilité ; réunis, exposés à l'admiration publique et à l'émulation du talent, ils allumeront dans les âmes le feu qui les a créées.

Mais, à cet égard, nous devons à la nation un grand exemple d'égalité et de fraternité. Vous avez dans la commune de Paris des richesses incroyables dans ce genre. Il est sans doute essentiel que les artistes et les savants trouvent dans cette métropole des sciences et des arts les plus riches collections ; mais n'accaparez pas une opulence inutile.

Pourquoi le superflu des cabinets et des bibliothèques de Paris ne serait-il pas versé dans les départements ? Gardez tous les chefs-d'œuvre uniques. Il est juste qu'ils fassent l'ornement des lieux qui les ont vu naître. Mais tous les doubles en fait de tableaux, de livres, de statues, de machines, d'objets quelconques d'études, vous en enrichirez les écoles départementales. Le génie portera ainsi sa flamme épuratrice jusqu'aux extrémités de la République. De là, par un effet réciproque reporté naturellement vers le centre, il se formera une circulation d'où dépendent l'embonpoint et la vie du corps social.

Les Écoles normales ont annoncé à la France le complément de l'instruction qui ne peut être que dans les écoles centrales. Vous ne laisserez pas l'édifice imparfait. L'univers, la postérité sauront qu'au milieu des orages d'une révolution inouïe, dans les crises d'une guerre dont vous souffliez l'embrasement sur vingt nations punies de leurs forfaits ; tandis que dans la terreur vous terrassiez d'une main le crime et l'immoralité, et que, de l'autre, vous cicatrisiez les plaies que la patrie avait reçues de ses parricides enfants, votre génie infatigable, combattant sans relâche l'ignorance et le vandalisme qui menaçaient d'envelopper la République, élevait un temple immense, un temple éternel, et jusqu'à vous sans modèle, à tous les arts, à toutes les sciences, à toutes les branches de l'industrie humaine et que vous assuriez par ce chef-d'œuvre à la nation française, sur les peuples de l'univers, une supériorité plus glorieuse que celle que nous avaient donnée les succès de nos armées triomphantes.

IX

L'enseignement supérieur.

École des Langues Orientales vivantes. — Bureau des Longitudes. — Institut national.

Cette même année 1795 vit éclore encore l'Ecole des langues orientales vivantes, dont l'utilité pour la politique et le commerce fut pleinement mise en lumière par Lakanal dans le rapport du 30 mars (10 germinal an III).

RAPPORT SUR LES LANGUES VIVANTES.

Chez les peuples les plus éclairés de l'Europe les langues orientales occupent un rang distingué dans tous les établissements consacrés à la propagation des lumières ; ces langues, négligées en France depuis le commencement de ce siècle, ont été presque entièrement abandonnées pendant le cours de la Révolution.

L'enseignement de toutes les connaissances utiles est devenu l'objet de vos travaux les plus importants depuis la chute du moderne Pisistrate. Refuseriez-vous aux langues orientales une place dans l'instruction publique ? Non ; la nation française ne doit être étrangère dans aucun pays, ni dans aucun siècle.

Négliger la connaissance des langues orientales qui servent d'organe à la diplomatie, ne serait-ce pas abandonner la carrière des consulats à des hommes incapables de stipuler utilement pour les intérêts de la République ? Ne serait-ce pas rompre inconsidérément tous ses liens de correspondance avec les autres nations, détruire toutes ses relations extérieures ? Je dirai plus, ce serait outrager l'humanité qui vous fait un devoir de commettre les destinées de la nation française plutôt à la sagesse des négociations qu'à la décision du glaive.

Il s'agit d'examiner quelles sont les langues orientales les plus utiles et surtout les plus convenables à notre situation présente, car leur domaine est très vaste et il ne sera pas inutile d'entrer dans quelques détails pour en déterminer les limites.

Ces langues peuvent se diviser en deux classes : les langues orientales vivantes et les langues orientales savantes ou mortes.....

La connaissance de ces dernières est indispensable pour approfondir les antiquités de l'Asie ; mais les travaux de ce genre ne se poursuivent avec succès que dans ce recueillement profond qui n'est pas compatible avec les agitations qui accompagnent inévitablement les grandes révolutions ; chaque citoyen est alors comptable de tout son temps à sa patrie ; il ne lui est permis de se livrer à des recherches de pure curiosité que lorsque son pays jouit, au sein d'une paix solide, des fruits tardifs de la Liberté ; les recherches qu'elle nous commande aujourd'hui sont de démasquer tous les traîtres, et non pas d'éclairer des monuments enfoncés dans la nuit des siècles écoulés, de poursuivre la tyrannie qui revêt tous les masques pour ressaisir la verge de fer et d'oppression, de frapper de mort le despotisme qui s'essaye sous toutes les formes contre la toute-puissance du peuple ; c'est ainsi que, dans la fable, Achéloüs se transforme diversement pour échapper à Hercule.

Il n'en est pas ainsi des langues orientales vivantes. Il est instant d'en assurer l'enseignement parce que sans elles il est impossible de négocier avantageusement avec les naturels de l'Asie. D'un autre côté, les savants et les artistes tireront des différents ouvrages orientaux sur l'astronomie, la chimie, la médecine, des matériaux précieux pour les arts et les sciences. Enfin, parce qu'il est nécessaire d'éclairer les nations étrangères sur les calomnies répandues avec profusion contre nous par les Allemands et les Anglais, car les pamphlets émis par les presses de Batavia et de Calcutta ont nui davantage à la Révolution française dans ces régions lointaines que l'artillerie de toutes les puissances liguées pour nous asservir.

Lakanal prit aussi une part active à l'organisation du *Bureau des longitudes* qui fut décrété le 25 juin 1795 (7 messidor, an III), sur le rapport de Grégoire.

Enfin, le couronnement de l'édifice de l'instruction publique, déjà rêvé par Talleyrand et par Condorcet, prit un corps sous le nom d'*Institut national* chargé de recueillir les découvertes, de perfectionner les arts et les sciences. Lakanal joua un rôle important dans cette création ; ce fut lui qui fut chargé de présenter à la Convention, qui l'agréa, la liste des membres formant le tiers-électeur.

Puis il en fut lui-même élu membre dans la Section des Sciences morales et politiques, après avoir été ballotté avec La Réveillère-Lépaux, président du Directoire, qui ne l'emporta que de deux voix, malgré la notoriété attachée à sa haute situation. A cette occasion, l'abbé Sicard écrivit à son sauveur de thermidor la lettre suivante :

« Ce rival est le seul qui vous ait disputé la palme, vous l'auriez emporté sur tous les autres : maintenant qu'il est nommé, vous le serez aussi au premier jour. Ceux qui vous l'ont préféré reviendront à vous, que toutes les voix auraient dû porter. On se rappellera sans doute, et je le rappellerai à ceux qui pourraient l'avoir oublié, tout ce que vous doivent les sciences, les lettres et les arts, et ceux qui les cultivent. Le véritable fondateur de l'Ecole normale, l'ami, le consolateur des gens de lettres, ne sera pas comme celui de qui a été dit dans le temps cette vérité si cruelle pour ceux qu'elle accusa :

Rien ne manque à sa gloire, il manquait à la nôtre.

» Encore deux ou trois jours, et un de mes plus chers amis sera mon précieux confrère. »

Dans les derniers temps de la Convention, Lakanal avait encore eu plusieurs occasions d'intervenir dans des discussions purement politiques.

C'est ainsi qu'au mois d'août 1795 il avait fait plusieurs discours sur la manière de remplacer et de désigner le tiers des membres qui devaient sortir de l'Assemblée. Il fut favorable à la division du pouvoir législatif entre les deux Conseils des Cinq-Cents et des Anciens; il avait vu de trop près les abus auxquels peut être entraînée une Assemblée souveraine unique, pour ne pas sentir la nécessité de lui donner un utile contre-poids.

En octobre, il proposa de démolir le Palais-Royal où se réunissaient les agioteurs qui décriaient les assignats, et d'élever à sa place une statue de la Liberté.

Enfin, indigné que les sections n'eussent nullement secouru l'Assemblée pendant l'insurrection des 13 et 14 vendémiaire, il demanda le désarmement de cette milice, l'expulsion de Paris de ceux qui n'habitaient pas cette ville avant 1789, et la formation d'une garde spéciale au Corps législatif.

La Convention prend fin le 26 octobre 1795, et avec elle se termine la période véritablement historique de la vie de Lakanal. En vérité, après avoir passé en revue la longue liste d'œuvres utiles que patronna son activité, nous sommes amenés à voir en ce travailleur pacifique et infatigable, bien plutôt que dans les personnalités grandioses et violentes auxquelles l'histoire a voué ses burins, l'incarnation réelle de « l'Assemblée entre toutes fondatrice, organisatrice, qui, plus qu'aucune force humaine, représenta l'inépuisable fécondité de la Nature[1]. »

---

[1] Michelet, *Révolution française*.

X

Lakanal sous le Directoire, le Consulat et l'Empire.

L'administration d'un pays conquis. — Un Cincinnatus l'Enseignement.

L'Ariège et quatre autres départements envoyèrent Lakanal au Conseil des Cinq-Cents. Il y siégea jusqu'au 20 mai 1797.

Ce fut sur sa proposition que le serment de haine à la royauté, obligatoire pour tous les fonctionnaires publics, dut être signé individuellement par tous les membres du Conseil et déposé aux archives, monument authentique destiné à attester plus tard tant d'illustres parjures.

Il rendit encore plusieurs services à l'instruction par un consciencieux rapport sur un concours de livres élémentaires [1], en faisant améliorer les règlements de l'Institut,

[1] Extrayons-en ces deux passages :

« L'art de bien parler aux enfants est peut-être un des plus difficiles; de grands hommes l'ont quelquefois ignoré : ceux qui ont atteint les dernières bornes du champ de la science n'ont pas toujours le talent d'y introduire et d'y guider pas à pas l'élève sans expérience.

« Il faut surtout un génie particulier pour écrire des traités de morale à l'usage de l'enfance, la simplicité des formes et la grâce naïve du style doivent s'y mêler à la justesse des idées; l'art de raisonner n'y doit jamais être séparé de celui d'intéresser l'imagination : un tel ouvrage doit être conçu par un logicien profond et exécuté par rétablir un observatoire au collège des Quatre-Nations et créer pour Lalande une chaire d'astronomie.

A cette époque, ayant appris que le philosophe Laromiguière, qui avait professé comme lui chez les pères de la Doctrine, languissait dans un état voisin de l'indigence, Lakanal s'efforça d'adoucir son sort et réussit à le faire nommer instituteur-adjoint des sourds-muets de Paris. Sicard dirigeait alors l'école et n'avait rien à refuser à Lakanal qui lui avait, comme nous l'avons raconté, sauvé la vie en exposant la sienne après le 9 thermidor.

Porté de nouveau au Corps législatif en 1798 par les électeurs de Seine-et-Oise, Lakanal décline leurs suffrages; réélu malgré son refus, il démissionne en termes mémorables : « Lorsque les armées ennemies étaient aux portes de la capitale, j'ai accepté les fonctions périlleuses de représentant du peuple; aujourd'hui que les Alpes, les Pyrénées s'aplanissent sous la marche triomphante des armées françaises, je me retire à l'écart avec mes livres et quelques amis, les seuls biens dont mon cœur soit avide. »

Lakanal vivait donc depuis quelques mois dans une studieuse retraite et se contentait de suivre en spectateur le défilé des évènements politiques, lorsqu'une nouvelle occasion lui fut fournie de servir son pays.

Les provinces rhénanes, après avoir fait retour à la Ré-

---

un homme sensible; on voudrait y trouver en quelque sorte l'esprit analytique de Condillac et l'âme de Fénelon. »

Rien n'est plus sensé; mais voici, à propos d'un traité sur la natation, une idée assez bizarre :

« Que la fraîcheur d'une eau pure passe aisément de nos corps dans nos âmes et ramène avec elle le contentement, la sérénité, la joie! Que d'occasions où cette habitude peut nous sauver la vie! Et puis est-il donc impossible que les Français, devenus aussi habiles nageurs qu'ils sont intrépides soldats, s'approchent sur une flotte victorieuse des côtes de la perfide Albion, et, pour y aborder, franchissent le reste des flots à la nage? »

publique par le traité de Campo-Formio en 1797, avaient subi une crise des plus douloureuses ; ce malheureux pays, qui était depuis si longtemps le siège de la guerre, sans cesse foulé par les armées contraires, avait encore à souffrir les exactions des fonctionnaires chargés de l'administrer, les pillages de l'insatiable bande des commissaires ordonnateurs et fournisseurs de toute espèce, plaie des pays conquis. Il en résulta que les populations des bords du Rhin, qui s'étaient d'abord enthousiasmées pour les idées de la Révolution, se refroidissaient de jour en jour à notre égard : beaucoup souhaitaient le triomphe de nos ennemis, et ceux qui nous restaient attachés, se rendant facilement compte de la désaffection rapide de leurs compatriotes, prévoyaient le moment où le moindre revers de nos troupes serait le signal d'un soulèvement général contre notre autorité.

L'énergie et l'habileté bien connues de Lakanal le désignaient aux membres du Directoire qui lui firent l'offre de le déléguer avec une autorité absolue comme commissaire de la République près les départements du Rhin. Du moment que ses services redevenaient nécessaires à la France, un patriote comme Lakanal ne pouvait hésiter à accepter.

Il partit donc, et, se rappelant le succès avec lequel il avait accompli, six ans auparavant, sa mission dans la Dordogne sans recourir à d'autres armes qu'à la justice et à la persuasion, il résolut de faire mouvoir les mêmes puissants ressorts. Ici, nous lui laisserons encore la parole. « Mon premier soin fut d'abord d'étudier la véritable situation des départements confiés à ma surveillance, de me tracer un plan de conduite pour fonder par la douce influence d'une administration éclairée la révolution que la force de nos armes venait d'opérer dans ces contrées. Cet examen réfléchi me convainquit que les peuples cis-rhénans avaient fortement soupiré après leur réunion à la

France, mais que les exactions, les vols, les rapines inouïes des agents français les avaient excessivement refroidis. Il fallait rattacher à la Métropole ces peuples généreux, sincères, sobres, laborieux et vraiment dignes de la liberté. Le moyen le plus direct et le plus sûr était évidemment d'opposer une digue puissante au brigandage en poursuivant les pillards avec l'inflexibilité du destin. »

Ces paroles aussi sages que généreuses montrent une fois de plus que la modération chez Lakanal ne découlait pas seulement de sa bonté native, mais qu'elle dénotait une profonde intelligence des voies nouvelles où la Révolution française, apôtre du droit en Europe, devait faire entrer la politique. Ce qui eût été un paradoxe pour tous les diplomates de l'ancien régime, ce qui en est encore un probablement pour beaucoup des nôtres — à savoir que la droiture dans les paroles et les actes est peut-être la plus grande habileté d'un homme d'Etat — lui apparaissait comme une vérité incontestable.

Il va donc punir rigoureusement les coupables, les envoyer à la mort, les emprisonner tout au moins? Non, il lui suffira, en flétrissant leur infamie, de les exposer, pour ainsi dire, au pilori de l'opinion publique.

Le fonctionnaire N... a prévariqué; lisez l'arrêté que prend contre lui Lakanal.

Art. 1er. Le citoyen N... est destitué de ses fonctions.

Art. 2. Il est déclaré indigne de remplir aucune fonction publique dans les quatre départements, et son nom est voué au mépris des républicains.

Mais il le force à rendre gorge, à indemniser ses victimes. Son ardent patriotisme lui inspire une haine légitime pour cette nuée de fournisseurs des guerres qui s'attachent aux armées, ne songeant qu'à faire leur fortune à l'heure où les soldats versent leur sang.

L'odeur de la curée attirant les vautours, on devait voir

bientôt pulluler, pendant l'épopée impériale, ce type d'agioteur infâme qui fit, dit le poète :

> Suer à nos malheurs des châteaux et des rentes;
> Moscou remplit ses prés de meules odorantes;
> Pour lui Leipsick payait des chiens et des valets,
> Et la Bérésina charriait un palais.
> Pour lui, pour que cet homme ait des fleurs, des charmilles,
> Des parcs dans Paris même ouvrant leurs larges grilles,
> Des jardins où l'on voit le cygne errer sur l'eau,
> Un million joyeux sortit de Waterloo.
>
> (V. Hugo. — *Contemplations*).

Contre de tels coupables Lakanal comprend qu'il faut sévir, et il les atteint dans ce qu'ils ont de plus sensible, leurs intérêts ; il se fait ouvrir les magasins, inspecte tout lui-même, et, pour effrayer par un salutaire exemple, ordonne qu'on jette dans le Rhin cent tonneaux de viande de mauvaise qualité, et sept cents pièces de vin frelaté.

Aussi, en peu de temps, un revirement complet se fit-il dans l'opinion des habitants en faveur des Français; grâce à la fermeté et à la probité de Lakanal, ceux qui nous haïssaient revinrent de leur prévention, ceux qui avaient conservé de l'attachement pour nous se sentirent affermis dans leur sympathie à notre égard. Certain dès lors de ne plus trouver d'entraves dans la mauvaise volonté des habitants, il appliqua toute son activité à mettre en état de défense les places fortes des bords du Rhin.

La ville de Mayence comptait surtout beaucoup d'amis du nom français ; elle avait bien prouvé son dévouement à notre cause pendant l'immortel siège que Kléber et Dubayet avaient soutenu en 1793 contre les coalisés.

La fortune paraissant trahir nos armes, un nouveau siège de cette ville par les Allemands était imminent ; car le général Müller écrivait à Lakanal. « Le sort de l'armée, citoyen commissaire, repose en partie sur vous ; Mayence tombera au pouvoir de l'ennemi qui s'avance; sans vos efforts et votre appui je ne puis l'arrêter. »

Les Mayençais, alarmés à l'idée des représailles inévitables que leur ferait subir l'armée allemande après le départ des Français, adressèrent au Directoire le 28 fructidor an VII une pétition qui se terminait ainsi.

« Des hommes qui ont tout à craindre du retour de leurs tyrans; qui déjà en 1793 ont essuyé leurs vengeances, alors bien moins féroces qu'elles le seraient aujourd'hui; qui ont des propriétés et des familles; ces hommes, citoyens directeurs, ont besoin d'une garantie, et cette garantie ils ne la trouveront que dans la nomination d'un commissaire civil pour la garnison de Mayence; mais il faut qu'il ait donné des gages certains à la Révolution et à la République et qu'il ait acquis l'honneur d'être inscrit sur la liste de proscription de la Royauté absolue. Un tel homme, citoyens directeurs (*et nous croyons l'avoir trouvé dans la personne du citoyen Lakanal, commissaire de la République dans nos départements*), revêtu du pouvoir d'opposer son veto aux décisions d'un conseil de guerre, de préparer une défense vigoureuse et opiniâtre en cas d'attaque, et de ne capituler en aucun cas sans stipuler pour tous les patriotes et pour leurs familles et leurs propriétés, *un tel homme peut seul nous tranquilliser* et déterminer ceux d'entre nous qui, par la nature de leurs fonctions, doivent rester à Mayence en cas de siège, à ne pas abandonner leurs postes et à s'exposer encore à tous les périls pour le salut de la République. »

Les signataires de cette pétition étaient Hartmann, Yung, Weeb, Lehne, Schneider, officiers municipaux, Fleisch, président de l'administration municipale, Pfeiffenbring, juge au tribunal criminel, dont les noms germaniques contrastent singulièrement avec la désinence méridionale du nom de celui qu'ils voulaient voir à leur tête.

Lakanal, d'ailleurs, ne trompa point leur attente ; son zèle eut bientôt réussi à approvisionner les garnisons françaises en vivres, artillerie et munitions de manière à opposer une barrière infranchissable à tout retour offensif des armées ennemies.

Il terminait ainsi brillamment cette nouvelle campagne administrative, lorsqu'éclata le coup d'Etat de Brumaire. Bonaparte était revenu d'Egypte, abandonnant à la merci d'un climat meurtrier, aux prises avec d'inextricables difficultés politiques, l'héroïque Kléber et ses compagnons d'armes.

Bientôt d'inavouables intrigues lui livraient la République. Le Directoire supprimé, la représentation nationale expulsée, le Premier consul se hâta de chasser de toutes les fonctions les derniers champions de la tradition révolutionnaire, ceux que la fermeté trop connue de leurs opinions ne permettait pas de corrompre et d'atteler avec des chaînes dorées au char de la tyrannie.

Aussi Lakanal reçut-il bientôt l'ordre de résigner ses pouvoirs ; toutefois, Bonaparte, qui comprenait la haute valeur de cet adversaire, semble avoir voulu lui faciliter une soumission ultérieure au nouvel ordre de choses accepté par tant d'autres, en lui écrivant une lettre flatteuse où flottaient de vagues promesses :

« Les services importants que vous avez rendus à tant d'hommes distingués vous mériteront dans tous les temps des droits à l'estime des hommes. Vous pouvez compter sur le désir que j'ai de vous en donner des preuves. »

Mais l'âme toute stoïcienne de Lakanal n'était pas capable de se prêter à de honteux compromis ; à l'heure où la France presque entière, lasse des luttes de la liberté et éblouie par l'auréole que la victoire avait mise au front d'un général de trente ans, acceptait un joug glovieux, Lakanal fut de ceux qui voyant leur tâche terminée, rentrèrent dans l'obscurité avec une simplicité antique, comme Cincinnatus retournant à sa charrue, après avoir sauvé sa patrie.

Un peu plus tard, ayant été nommé membre de la Légion d'honneur, il ne refusa pas bruyamment cette faveur du maître, mais s'abstint de prêter serment et ne reçut pas la décoration.

Il convient d'insister ici sur le rare désintéressement de ces Conventionnels, tant calomniés. A quelques Barras millionnaires on peut opposer plus d'un Lakanal. Or, lui qui avait à plusieurs reprises tenu entre ses mains une partie de la fortune publique, il était aussi pauvre qu'au jour de son entrée à la Convention. En ce temps-là, il l'a dit lui-même fièrement, les dépositaires du pouvoir pouvaient s'écrier comme les soldats d'Alexandre : « *Omnium victores, omnium inopes sumus*[1]. »

Nous avons eu la bonne fortune de trouver dans les papiers de famille, dont son petit neveu a bien voulu nous donner communication, la récapitulation des sommes considérables que Lakanal avait eu à manier.

Copions textuellement.

« *Bordereau des sommes payées en numéraire sur mes ordonnances dans le cours des diverses missions que j'ai remplies avec des pouvoirs illimités durant la session de la Convention, du Conseil des Cinq-Cents et sous le Directoire.*

» Première mission dans les départements de Seine-et-Oise, de l'Eure, de l'Oise et de Seine-et-Marne pour la le-

[1] Vainqueurs de tout, nous sommes dénués de tout.

Lakanal commissaire près les départements du Rhin

vée extraordinaire de trois cents mille hommes après le 31 mai, ci............ 260.000 fr.

» Seconde mission pour l'organisation des quatre départements du Bec d'Ambez (Gironde), Dordogne, Lot, Lot-et-Garonne, ci........................... 185.000

» Troisième mission pour l'établissement d'une manufacture d'armes et un dépôt de huit mille chevaux à Bergerac, ci..................................... 215.000

» Quatrième mission pour l'organisation du Gouvernement révolutionnaire dans les quatre départements précités, ci. 95.000

» Mission pour les expériences d'un télégraphe sur des lignes de correspondance assez étendues pour obtenir des résultats concluants, ci................ 27.000

» Mission pour l'organisation de dix-neuf écoles centrales dans les départements, l'établissement d'une bibliothèque, un cabinet de physique expérimentale, un Jardin des plantes près chacune de ces écoles, ci.......................... 312.000

» Mission pour l'organisation des quatre départements cis-Rhénans du Mont-Tonnerre, Rhin-et-Moselle, Sarre-et-la-Roer, ensemble pour l'approvisionnement des places fortes de Mayence, Ehrenbreitstein, Clèves, Landeau, Dusseldorf, Juliers, ci..................... 502.000

» Total.......... 1.496.000 fr.

» N. B. — J'ai encore les copies de tous les comptes-rendus, revêtues de la formule : *ab inde recessit quietus*[1]. »

On voit qu'il eût facilement pu, avec moins d'honnêteté, ayant à sa disposition des sommes de cette importance, et dans un temps où le contrôle était illusoire, se mettre à l'abri du besoin. Sans lui faire un éloge de sa probité nous avons tenu à la constater. Nous rappellerons incidemment un autre honorable exemple, celui du poète Ducis qui, ayant refusé un siège de sénateur pour ne pas sanctionner le triomphe du despotisme et pour rester fidèle à ses convictions républicaines, écrivait à un de ses amis ces philosophiques paroles : « Je ne dois rien à personne. J'ai du bois pour une moitié de mon hiver, un quartaut de vin dans ma cave et dans mon tiroir de quoi aller pendant deux mois. Mon petit dîner, qui est mon seul repas, est assuré pour quelque temps, comme vous le voyez. »

Pauvre, Lakanal n'hésita pas à reprendre son ancien métier de professeur, puisqu'il lui fallait pour vivre « *faire un honorable échange de son travail contre un juste salaire* ». Le magnifique édifice qu'il avait contribué à élever à l'instruction publique lui ouvrait ses portes ; mais, avec une modestie toute philosophique, il voulut « *s'asseoir sur la dernière marche, comme la plus stable en soi* » (Montaigne), et il se contenta d'obtenir une chaire de langues anciennes dans une de ces écoles centrales qui lui devaient l'existence, l'école de la rue Saint-Antoine, aujourd'hui lycée Charlemagne. Il occupa ces modestes fonctions jusqu'en 1804, heureux de pouvoir, comme jadis, former le cœur et l'esprit de la jeunesse, en l'initiant aux grands exemples de vertu que nous a légués l'antiquité.

En 1804, il dut, pour des raisons de santé probablement, renoncer à ce métier fatiguant du professeur et devint économe du lycée Bonaparte ; pour l'administrateur intègre

[1] Il s'est retiré en règle.

qui avait manié jadis les finances de plusieurs départements, ce fut un jeu de gérer le modeste budget de son collège. Tel un marin vieux, après avoir vu dans les mers les plus périlleuses manœuvrer sous ses ordres un vaisseau de haut bord, s'amuse à guider près des côtes une barque de pêcheurs.

Il s'adonnait à la culture de ses chers auteurs, préparait une édition des œuvres posthumes de J.-J. Rousseau et rédigeait un prospectus aux souscripteurs dans lequel on lit cette phrase fière et mélancolique : « Il était naturel que dans les circonstances glorieuses où nous sommes, on témoignât peu d'empressement pour les ouvrages de l'Apôtre de la liberté des peuples, lors surtout que ces ouvrages étaient donnés par un des membres de cette Convention nationale si diffamée de nos jours et que l'impartiale postérité contemplera avec un respect religieux. Le laurier dû à leur courage ne verdira que sur leur tombeau ; ils périront, mais la République qu'ils ont fondée existera florissante. » Mais la censure sans doute n'aurait pas laissé passer cette dernière note, il l'efface et écrit à la place : « La France qu'ils ont sauvée de l'invasion ennemie existera florissante. »

On peut voir qu'il ne se laissait point aveugler par les splendeurs du régime impérial et savait juger sévèr... tant de conquêtes et d'annexions aussi injustes que glorieuses.

Il revoit et réunit ses discours à la Convention, se fait initier à la Franc-Maçonnerie (Loge de Bruxelles, 20 septembre 1807), travaille à la rédaction d'un traité d'économie politique.

Elu membre de l'Académie de Rouen, il remercie cette compagnie en des termes où l'eau bénite de cour, de rigueur en pareil cas, est relevée par un sincère accent d'indépendance ; on trouve dans cette lettre un curieux mélange d' la solennité prétentieuse de l'époque, et d'une bonhomie narquoise, qualité qui est très personnelle à Lakanal.

Messieurs,

Les expressions s'offrent d'elles-mêmes pour rendre les sentiments ordinaires, mais il faut avoir vécu avec vous pour parler dignement de vos bienfaits. Je ne louerai pas votre choix, ce serait m'en juger digne par une prétention qui suffirait pour m'en exclure. Je ne parlerai pas de ma faiblesse pour relever la grandeur de votre don, ce serait blâmer votre choix et ôter à votre jugement ce que j'attribuerais à votre indulgence ; mais, si on pouvait se faire un mérite des inclinations naturelles, j'oserais dire que l'amour des lettres, la haute idée que j'en ai, une vénération profonde pour tout ce qui en porte le caractère, ne me rendent pas tout à fait indigne d'entrer dans une société dont elles ont formé les liens et dicté les lois. Ajouterai-je que nul autre titre littéraire ne me flatte plus que celui que vous m'accordez ?

Vous offrez, Messieurs, un spectacle qu'on trouve rarement aujourd'hui dans les associations semblables. Chez vous les grands noms, les grands titres ne règlent pas les rangs ; les magistrats, les prélats, les guerriers n'y prétendent pas de préséance sur les orateurs, les poètes, les historiens. L'égalité y maintient l'ordre, l'autorité n'y parle qu'avec la raison. La différence des conditions n'y est reconnue que par les divers talents de l'esprit. L'excellence de l'esprit même, qui inspire ailleurs tant d'orgueil, n'est admise chez vous qu'avec la politesse, l'honnêteté, les grâces. Il est aisé de prédire la décadence des sociétés savantes où la naissance donne les privilèges, la dignité, le rang, le crédit, la faveur. Le titre de membre de quelques-unes de ces sociétés n'est qu'un vain mot pour mon cœur, mais il restera uni à votre Académie qui a le bien public pour but, la vérité pour règle, l'antiquité pour modèle, la postérité pour juge et le suffrage des véritables amis des Lettres pour récompense.

En 1809, Lakanal se retira de l'Université avec une pension de 3,000 francs, presque dérisoire assurément, en regard des incalculables services qu'il avait rendus à l'instruction publique ; mais il était résolu à n'accepter que ce qui était strictement indispensable pour vivre, et ce ne fut jamais lui qui greva le budget. Quoique trop fatigué pour continuer à professer, il avait à dépenser une activité toujours aussi jeune, et, comme inspecteur des poids et mesures, il put continuer, pour ainsi dire, l'œuvre de sa chère Convention en contribuant à affermir et à rendre indestructible l'une de ses plus utiles réformes.

Mais voici que les mauvais jours vont venir pour lui comme pour la France. S'il fut attristé des désastres de l'Empire parce qu'il prévoyait que le triomphe de ses ennemis ne serait pas celui de la liberté, il n'en dut pas être surpris, étant de ceux qui connaissaient les pieds d'argile du colosse dont tant de flatteurs ne voulaient voir que le front d'or couronné de lauriers.

Au premier retour des Bourbons, il perdit sa modeste pension d'universitaire émérite, « salaire de l'ouvrier à la fin d'une journée bien remplie », comme il le disait lui-même. Il ne fut pas, tout d'abord, inquiété dans sa personne ; l'éphémère triomphe des émigrés ne leur laissa pas le loisir d'ouvrir l'ère des vengeances. Le retour de Napoléon, après son exil à l'île d'Elbe, fit un instant espérer aux amis de la Révolution que celui-ci, instruit par cette rude leçon de la fortune, voudrait et pourrait faire la paix avec l'Europe pour se consacrer uniquement à panser les plaies de la patrie, — espoir fragile que vint bientôt anéantir le coup de foudre de Waterloo.

Désormais, un ancien Conventionnel, un *régicide*, un *votant*, ne devait plus songer à vivre en paix sur une terre où triomphait la réaction. « Je devins donc ilote, paria dans mon pays, dit Lakanal, et je dus en sortir pour ne jamais y rentrer. » Il le croyait du moins ; nous verrons que l'avenir devait lui éviter la suprême douleur de mourir sur un sol étranger.

Lakanal réunit un petit capital en joignant à quelques économies le produit réalisé à la hâte de ce qu'il possédait en objets mobiliers, et se tint prêt pour un départ inévitable.

Cependant, il assista encore à une réunion de patriotes qui se tint chez Barras dans Paris investi, la veille de la capitulation. Plusieurs plans désespérés furent proposés pour tenter un dernier effort contre l'invasion victorieuse. Aucun ne parut praticable ; car l'argent faisait défaut pour entreprendre quoi que ce fût. Lakanal portait sur lui la somme modique qui constituait sa dernière ressource pour gagner une terre d'exil et lui permettre de s'y procurer quelques moyens d'existence. Sans hésiter, avec le désintéressement extraordinaire qui marquait tous ses actes, il offrit de la sacrifier tout entière pour l'exécution des plans sur lesquels on délibérait. Aucun d'eux n'aboutit d'ailleurs, et, comme l'a fait remarquer M. Lélut, à qui on doit cette révélation, ils n'eurent d'autre résultat que celui d'avoir fait naître cette offre généreuse.

Quelques jours après, Lakanal faisait voile vers les États-Unis.

Lakanal après son retour en France.
(D'après un portrait de Mlle Berriat Saint-Prix.)

XI

L'Exil.

Une colonie française dans l'Alabama. — Lakanal planteur — Le retour du proscrit.

Lorsque Lakanal mit le pied sur la terre du Nouveau-Monde, il n'était pas le seul Français qui vînt réclamer l'hospitalité de la jeune République américaine. — Déjà d'autres fils de la Révolution s'étaient retrouvés, après diverses fortunes, unis par la communauté du malheur.

C'étaient un roi déchu, Joseph Bonaparte, qui, ayant grandi par son frère, était entraîné dans sa chute ; — Grouchy, dont le fatal retard avait achevé Waterloo, et que tant de gens considéraient comme un traître ; — d'autres hommes de guerre, Clauzel, Regnaud de Saint-Jean-d'Angely, Lescalier. Tous avaient reçu du gouvernement des Etats-Unis l'accueil que les compatriotes de Washington devaient à ceux de Lafayette ; on leur avait donné des terres à défricher, et, sans être trop étonnés de commencer une vie si nouvelle, ils entreprenaient d'établir une colonie française dans l'Alabama au Tombeckbée.

Lakanal fut l'objet d'égards particuliers. Le président Jefferson s'empressa de lui concéder cinq cents acres de terre à coton dans le voisinage des autres Français. Toutefois, cette vie de colon et d'agriculteur ne laissait pas que d'effrayer Lakanal ; il eût préféré assurer ses besoins matériels en exerçant des occupations plus conformes à ses goûts et à ses études antérieures. Une honorable occasion s'offrit à lui. Le bruit des nobles efforts qu'il avait déployés pendant la Révolution pour organiser l'instruction publique était venu à la connaissance du gouvernement de la Louisiane ; aussi lui fit-on la flatteuse proposition d'organiser l'Université de la Nouvelle-Orléans et d'en conserver ensuite la présidence. — La perspective de continuer à servir la cause sacrée du travail intellectuel ne pouvait que lui sourire et il s'empressa d'accepter.

L'expérience toute spéciale que ses longues années de professorat lui avaient fait acquérir en matière d'enseignement, jointe aux lumières que ses discussions au Comité et à la tribune lui avaient valu dans les questions d'organisation, l'avaient merveilleusement préparé à cette tâche ; aussi s'en acquitta-t-il avec le plus grand succès. Une période de dix années s'écoula ainsi pendant laquelle l'amertume de l'exil fut un peu adoucie pour lui par la satisfaction de se livrer à ses travaux de prédilection et la conscience de rendre d'exceptionnels services à un peuple libre.

La sérénité de cette existence calma les déchirements que son âme de patriote avait ressentis au spectacle de l'invasion de la France par les hordes de la coalition. Souvent il dut, faisant un retour sur son passé, se revoir à trente ans de distance chargé d'initier de jeunes esprits aux grandeurs de l'antiquité, alors qu'il espérait tout de l'avenir et l'appelait de tous ses vœux ; il était donc revenu à son point de départ, comme si les sept années de la Révolution et les quinze années d'Empire n'avaient été qu'un long et terrible songe, d'où il se réveillait ayant vieilli du double.

Il suivait avec intérêt le cours des évènements de France et d'Europe, mais s'il avait lieu d'être indigné de la facilité avec laquelle la nation française acceptait le retour de l'ancien régime, il était assez perspicace pour comprendre que cette restauration d'un passé odieux ne serait pas de longue durée ; jamais il ne cessa d'avoir foi dans le bon sens de sa patrie et d'espérer pour elle le retour de la liberté.

Ce fut d'ailleurs une caractéristique commune de tous les conventionnels en exil, ainsi que l'a fait observer E. Quinet ; aucun d'eux ne désespéra. « Ils s'enveloppaient dans leur manteau et attendaient, » certains que l'avenir amènerait fatalement le triomphe des idées auxquelles ils avaient voué leur existence. L'un d'eux, se sentant près de mourir à Vevey, fit approcher son domestique : « Quand je serai mort, lui dit-il, et que les Bourbons auront été détrônés, tu viendras sur ma tombe ! tu frapperas deux coups de canne, et tu diras : « Monsieur, nous les avons chassés. » — Toujours Lakanal partagea cette inébranlable et superbe confiance.

En 1825, la tâche que lui avait confiée le gouvernement de la Nouvelle-Orléans était entièrement terminée ; l'Université était florissante et pouvait désormais compter sur une brillante destinée. Lakanal éprouva le besoin de se reposer et donna sa démission. On ne crut pouvoir mieux le remercier qu'en le chargeant de désigner lui-même son successeur, et en agréant sur sa désignation un Français, ancien élève de l'Ecole polytechnique, qui était depuis plusieurs années son collaborateur et son ami, et qu'il aimait à appeler son gendre adoptif.

Son premier dessein fut de profiter enfin des terres qui lui avaient été concédées au Tombeckbée et qu'il ne connaissait pas encore ; il partit donc pour visiter ce domaine, résolu à en tenter l'exploitation. — Mais, aussitôt arrivé, il éprouva une désillusion complète ; la colonie de compatriotes qu'il espérait trouver florissante était en plein désarroi ; elle était, comme il l'a dit lui-même, tombée pièce à pièce par la faute des colons, gens aussi peu préparés que possible par leur existence antérieure au difficile métier de pionniers et de défricheurs de terre. Joseph Bonaparte, l'ancien roi d'Espagne, réduit au titre de comte de Survilliers, avait obtenu l'autorisation de rentrer en Europe ; — Regnaud de Saint-Jean d'Angely était parti en 1819, pour mourir aussitôt qu'il eut posé le pied sur le sol de la patrie. — Clauzel était rapatrié depuis 1820.

Lakanal, que rien n'engageait plus à se fixer en ce point, préféra réaliser sa concession, et, avec le prix qu'il en reçut, acquérir un coin de terre plus à sa convenance. Il était naturel qu'il ne s'éloignât pas trop de la Nouvelle-Orléans où il conservait des amitiés et des affections, où surtout il se trouvait plus à portée d'être renseigné sur les affaires de France. « Une propriété belle et productive sur les rives romantiques de la baie de Mobile » fixa son choix ; cette baie s'ouvre, à l'embouchure de la rivière de ce nom, dans un coin du golfe du Mexique ; la petite ville commerçante qui se reflète dans ses eaux n'est distante de la Nouvelle-Orléans que de 280 kilomètres, une misère aux Etats-Unis.

Dès lors, ce fut une nouvelle existence pour Lakanal ; il avait toujours éprouvé pour les choses de la nature un goût très vif que ses fréquentes visites au Muséum, ses longues conversations avec les professeurs avaient singulièrement éclairé. Ce goût se développa encore par la facilité qu'il eut de s'y adonner et devint pour lui la source de distractions précieuses. Sa vie fut celle du planteur, qui n'a pas besoin de se donner grand mal pour faire rapporter beaucoup à la terre dans un pays où elle est si fertile.

Il herborisait, faisait un herbier de la Flore américaine à l'intention de ses amis d'Europe. En correspondance suivie avec Geoffroy Saint-Hilaire, il le tient au courant de ses excursions parfois lointaines et des observations qu'il recueille sur les habitants de ces forêts. — « J'ai suivi l'Ohio depuis Pittsburg jusqu'à son embouchure dans le Missisipi et descendu le vieux père des eaux jusqu'à la Nouvelle-Orléans.... J'ai recueilli beaucoup de plantes que je ne trouve pas dans le *Genera plantarum* de Jussieu. » — Il est en bons rapports avec les Indiens, encore nombreux alors, et se plaît à aller s'asseoir sous leurs tentes, pour s'initier à leurs mœurs dont la simplicité, non sans grandeur, ne peut que plaire à sa propre nature.

Mais le souvenir de la patrie, loin de s'affaiblir par le temps et la distance, l'obsède sous toutes ses formes ; il fait venir des graines de France pour vivre du moins à l'ombre des plantes de son pays ; il se livre à des essais multipliés pour acclimater la vigne, mais sans succès.

Cinq années s'étant écoulées encore ainsi, Lakanal pouvait bien croire que la terre américaine serait sa dernière demeure et que, si la cause de la liberté devait reconquérir, un jour, en France le terrain perdu, du moins ses yeux n'en verraient pas le triomphe. Aussi peut-on se figurer la surprise et l'émotion que dut lui causer la nouvelle de la Révolution de 1830, quand elle parvint jusque dans les forêts de l'Alabama.

Les détails manquaient d'abord sur cet évènement inattendu ; rien ne permettait de prévoir quelle serait l'attitude exacte du nouveau gouvernement et si, comme l'avait promis La Fayette, la monarchie constitutionnelle de Louis-Philippe d'Orléans serait la meilleure des républiques.

Lakanal se dit seulement que le nouvel arbitre des destinées de son pays était, comme lui, un fils de la Révolution, et qu'il faisait de nouveau flotter sur la terre de France le drapeau tricolore sous les plis duquel il avait combattu à Valmy et à Jemmapes.

Dès lors, l'ancien conventionnel pouvait rentrer dans sa patrie ; il se sentait même la force d'y rendre encore des services. A un avocat de ses amis qui paraissait s'étonner de lui voir affronter encore, à son âge, les fatigues d'une si longue traversée, il répond presque avec indignation : « Apprenez, jeune homme, que la nature m'a doué d'une santé athlétique. Je n'ai gardé le lit un seul jour depuis quarante-cinq ans... Le célèbre collaborateur de Buffon, Daubenton, mon véritable ami, me disait souvent que je ne mourrais qu'*ossifié*. C'est en France que j'irai attendre, sans la craindre ni la désirer, cette opération de la nature. »

« Je puis donc être encore utile à ma patrie », écrit-il à son ami Geoffroy Saint-Hilaire au mois de novembre 1830. En même temps, il offrit au souverain ses services. Mais le temps s'écoule, aucune réponse ne lui est faite. Quel rude coup dut lui porter ce dédain immérité ! Ainsi il était devenu un inconnu dans ce pays qu'il avait si généreusement servi. — Du moins puisqu'un décret doit réintégrer les anciens membres de l'Institut proscrits pour des motifs politiques (28 octobre 1832), il ne peut manquer d'y rentrer, lui, l'un des fondateurs ! — Nouvelle déception plus amère encore : la liste des membres réintégrés paraît et son nom n'y est point. — C'en est trop ! des gouvernants oublieux de son glorieux passé semblent refermer devant lui les portes de la France que la valeur du peuple lui avait rouvertes. Désormais, il oubliera qu'il existe une France et croira avoir toujours été citoyen des États-Unis.

Pourtant la justice vint, d'un pied boiteux, comme à l'ordinaire ; une réparation tardive, mais solennelle, lui fut faite. Grâce aux efforts d'une amitié aussi ingénieuse que dévouée, l'Académie des Sciences morales et politiques, donnant au gouvernement une mémorable leçon de gratitude et de convenance, appelle, par un vote unanime dans la séance du 22 mars 1834, Lakanal à venir de nouveau siéger dans son sein après dix-neuf ans d'absence.

Bientôt l'exilé peut mouiller de ses larmes le procès-verbal de ce vote de réparation ; l'ami fidèle qui en est l'instigateur le lui a fait hâtivement parvenir ; cette feuille sera désormais un souvenir précieux pour lui, et plus tard on la retrouvera jaunie dans ses papiers avec cette note tracée d'une main que l'âge n'a pu faire encore trembler.

Nescio quâ natale solum dulcedine cunctos
Ducit, et immemores non sinit esse sui[1].

Ovide, *de Ponto*, lib. II.

« Cette délicieuse et profonde émotion, je l'ai éprouvée en rentrant dans ma chère patrie après vingt-deux ans, à 2,000 lieues de notre belle France. Ce bonheur inespéré, je suis fier de le devoir à un homme aussi illustre que mon bien cher confrère, M. Geoffroy Saint-Hilaire. Ma gratitude envers lui sera impérissable. » — « A présent, dit-il encore, je puis revenir, car je rentrerai par la porte d'honneur. »

Il commence aussitôt ses préparatifs de départ ; mais hélas ! on ne peut pas en quelques jours, ni même en quelques mois, liquider une exploitation agricole comme celle qu'il avait entreprise à Mobile, et on ne trouve facilement acquéreur pour un domaine situé dans les forêts vierges à cent lieues de la Nouvelle-Orléans. Trois années étaient encore passées sur sa tête quand il débarqua à Bordeaux, où cinquante ans auparavant, pendant sa grande mission dans le midi, il avait assisté et pris part à de si terribles évènements.

---

[1] « Je ne sais par quelle douceur le sol natal attire tous les hommes et ne se laisse pas oublier d'eux. »

XII

La vieillesse et la mort d'un sage.

Ce vieillard, qui comptait trois quarts de siècle, devait se trouver dépaysé après une si longue absence, à une époque où les événements avaient marché si vite. Ne croyez pas, toutefois, qu'il songeât au repos; ses convictions, toujours aussi ardentes, lui soufflaient au cœur une énergie infatigable.

« La liberté orageuse, disait-il, est préférable à l'esclavage tranquille.... J'irai dans l'Ariège ; je fus investi deux fois de la confiance de ce département ; qui sait ? J'ai la plénitude de mes facultés physiques et morales et la tribune n'a pas perdu ma mémoire. »

Telle est sa première pensée; toutefois, il se ravise : un devoir plus haut lui apparaît. Pourquoi rentrerait-il dans ce monde politique qui l'a dédaigné ? Il se doit désormais au corps illustre de savants qui a fait luire pour lui ce qu'Homère appelait le *jour divin du retour*, « et pour justifier l'honneur d'y avoir été admis, il vivra solitaire loin des puissants. » Il tint parole et passa dans une retraite studieuse le reste de sa vie.

Il avait eu d'un premier mariage une fille qui, mariée, était restée en Amérique; veuf, il se remaria sans hésitation, à soixante-dix-sept ans, et eut un fils. Ne sourions pas: ses cheveux n'étaient pas encore blancs et il n'avait perdu qu'une dent; aussi pouvait-il, sans ridicule, plaisanter en ces termes : « Mon extrait de baptême est vieux, mais non pas moi; on me donne un grand âge, mais je ne le prends pas, comme disait Moncrif à Louis XV. »

Ni la vigueur, ni l'agilité ne lui manquaient.— Un jour, en compagnie de sa jeune femme et de son ami Berriat Saint-Prix, il faisait l'ascension de la colonne de Juillet. L'ami, quoique plus jeune de dix ans, était obligé de s'asseoir à chaque instant sur les marches pour reprendre haleine; si bien que, dépité de voir Lakanal continuer à monter sans paraître essoufflé le moins du monde, il s'écria : « Ma foi, laissons filer ce jeune homme. » Un jeune homme de quatre-vingts ans !

Logé rue Royale-Saint-Antoine, au Marais, quand il n'allait pas aux séances de l'Institut, il partait à pied pour de longues herborisations, n'ayant pas senti décroître son goût pour la botanique. Le soir, il trouvait encore la force de travailler à la rédaction de plusieurs ouvrages.

Dans l'un d'eux, *Exposé sommaire de ses travaux*, il cherchait à se justifier auprès de la postérité; dans un autre intitulé : *Séjour d'un membre de l'Institut de France aux Etats-Unis pendant vingt-deux ans*, on devait trouver bien des révélations piquantes sur ses contemporains. Lui qui avait vu défiler tant d'hommes politiques sous tant de régimes, il nous eût sans doute appris de curieux détails biographiques sur les puissants qu'il avait approchés et jugés. — Sur un de ses calepins autographes on lisait : « Je me suis trouvé avec des Excellences et des Altesses. Rien ne saurait être plus bête que ces Excellences, et les Altesses n'avaient guère que quatre pieds et huit pouces ». Par malheur, ce manuscrit, dont Geoffroy Saint-Hilaire a vu le titre déjà imprimé, disparut mystérieusement après la mort de l'auteur.

Son premier soin naturellement avait été de chercher à renouer des relations avec les rares survivants de l'époque révolutionnaire. Il avait éprouvé dans cette recherche quelques désillusions ; plusieurs de ses amis d'autrefois, — le philosophe Joubert, par exemple, qui lui avait été de bon conseil pour les choses de l'instruction publique [1], —avaient perdu leur ancien enthousiasme pour la liberté. D'autres avaient tout vulgairement renié leur passé pour avoir des titres et des places. C'est ainsi qu'un jour, allant visiter un de ses collègues de la Convention, qui, jadis, siégeait parmi les purs : « Monsieur T...? » demanda-t-il au domestique. — « *Monsieur le comte* est sorti, » lui répond le laquais avec hauteur, et Lakanal s'éloigna en se moquant intérieurement de ceux que Baudot, un autre conventionnel, mais inébranlable celui-là dans ses convictions, appelait « les barons sans-culottes et les empereurs au petit pied ».

Il ne faudrait pourtant pas voir en Lakanal un Alceste toujours grondeur ; ce sage était indulgent pour les faiblesses d'autrui ; il revit souvent, par la suite, l'ancien conventionnel devenu comte, et, sans lui tenir rancune, il lui donnait parfois dans ses lettres ce titre qui avait tant choqué tout d'abord sa simplicité républicaine. Le caractère dominant de ses manières était une politesse extrême et toute cérémonieuse ; G. Saint-Hilaire raconte avoir assisté à une entrevue entre lui et lord Brougham dans laquelle le Républicain disait « Votre Seigneurie » au grand seigneur qui lui répondait « Cher citoyen ».

Il vivait modestement avec la pension de 3,000 fr. qui lui avait été accordée en 1809 comme professeur honoraire, et que le ministre lui restitua. Mais jamais il ne chercha à profiter de la situation d'Académicien pour rien demander

[1] SAINTE-BEUVE, *Portraits littéraires*, t. II, p. 315.

aux gens en place. Son désintéressement tout simple et sans étalage apparaît, une fois de plus, dans une lettre qu'il écrivit à M. Duchâtel, alors ministre de l'intérieur, quand celui-ci briguait les suffrages de l'Institut.

Monsieur le Ministre,

Mon honorable confrère M. Blanqui m'a rapporté que vous avez bien voulu vous prononcer avec obligeance sur mon compte. Ces procédés délicats sont dans mes habitudes comme dans les vôtres ; aussi je saisirai avec empressement, et, si je puis, je ferai naître l'occasion de vous témoigner ma gratitude. Une discussion approfondie au sein de l'Académie a prouvé que vos droits à la succession littéraire de feu le comte de Laborde étaient incontestables ; il est même un fait qui n'a pas été articulé et qui me paraît de valeur ; je lis dans la notice sur M. Dupin, par M. Ortolan, p. 232:

« Tanneguy-Duchâtel quitte les affaires judiciaires pour se » livrer à l'étude des questions d'Economie politique, objet » spécial de son goût et de sa vocation. »

Je voterai donc pour vous, monsieur ; c'est mon devoir, et comme le devoir n'a pas droit à la reconnaissance, j'affirme sur l'honneur que jamais je n'importunerai d'aucune demande ni vous, monsieur, ni aucun des ministres, vos collègues.

J'ai l'honneur, etc.

S'abstenir de toute sollicitation était d'autant plus méritoire de la part de Lakanal que ses dernières années s'écoulèrent dans une gêne voisine de la misère. L'abus de confiance du mandataire américain, auquel il avait remis le soin de liquider ce qui lui restait, lui fit perdre tout l'argent qu'il n'avait pu emporter avec lui ; ce nouveau coup du sort, d'autant plus rude qu'il atteignait en même temps des êtres chers et leur créait un avenir plein d'incertitude, ne triompha pas de sa philosophie habituelle ; si on l'entendit parfois regretter quelque chose, ce fut seulement quelques rayons du soleil de l'Alabama qui eussent réchauffé ses derniers jours.

Elu vice-président de l'Académie pour l'année 1844, il eut l'honneur de se voir offrir la présidence pour l'année 1845, mais sa modestie lui dicta un refus aussi digne que spirituel : « Je suis vieux, j'ai quatre-vingt-deux ans.... La Rochefoucauld dit : Il y a peu de gens qui sachent être vieux, et j'ai médité cette maxime .... Je me suis décidément voué au culte de cette dixième muse à laquelle le sage Numa fit dresser des autels et qui présidait à l'art d'écouter et de se taire. »

Bientôt l'heure du repos allait sonner pour lui ; en décembre 1844, au sortir d'une séance, il éprouva un refroidissement et se vit le lendemain cloué sur son lit par un catarrhe bronchique ; il comprit aussitôt qu'à son âge il n'en réchapperait point et dit à son collègue le docteur Lélut qui lui prodiguait ses secours : « Vos soins ne me sauveront pas ; je sens qu'il n'y a plus d'huile dans la lampe. »

Sa mort fut celle d'un sage et d'un philosophe. Nous tenons de son petit neveu que, la veille de sa mort, il recommanda de donner au perruquier voisin, pour acquitter sa seule dette, les derniers dix francs qui restaient à la maison.

Quelques amis entouraient son chevet, Blanqui, David d'Angers, Isidore Geoffroy Saint-Hilaire ; il les entretint jusqu'à son agonie dans le langage noble et un peu emphatique qu'il avait toujours conservé. La conscience d'une existence bien remplie donnait à ses derniers moments une sérénité si parfaite qu'ils font penser de suite aux pages admirables où Victor Hugo a peint, dans les *Misérables*, la mort du conventionnel. « Je vais paraître devant Dieu le cœur pur et les mains nettes : je n'ai jamais eu sur mes mains une goutte de sang, ni dedans une obole mal acquise[1]. »

---

[1] M. Jules Claretie, dans l'intéressante chronique qu'il a publiée dans le journal *le Temps* du 15 avril 1881, donne une version un peu différente :

« Un prêtre était venu au chevet du mourant et avait laissé tomber

Telles furent à peu près ses dernières paroles. Il s'éteignit le 14 février 1845.

---

le mot de *remords*. Le conventionnel répondit : « Je suis prêt à recommencer toute ma vie. Quant à mes votes, je n'ai que quatre mots à dire, et je les emprunte au Saint-Père : *La conscience avant tout.* »

XIII

Obsèques. — Lakanal et la postérité.

Une lettre de faire-part ainsi conçue fut envoyée à tous ses collègues de l'Institut :

Vous êtes prié d'assister aux convoi et inhumation de M. Joseph Lakanal, membre de l'Institut royal de France, ex-membre de la Convention nationale et du Conseil des Cinq-Cents, aujourd'hui décédé en sa maison à Paris, rue Royale-Saint-Antoine, nos 10 et 12, dans sa quatre-vingt-deuxième année, qui se feront dimanche prochain, 16 février, à onze heures du matin.

On se réunira à cette heure, à la maison mortuaire.

De la part de Mme Lakanal, sa veuve, et de ses enfants et petits-enfants.

De Profundis !

Paris, le 14 février 1845.

Bien peu de ses collègues, cependant, l'accompagnèrent à sa dernière demeure ; car, d'après G. Saint-Hilaire, une vingtaine de personnes seulement, parmi lesquelles quelques voisins, suivaient son cercueil au Père-Lachaise, le dimanche 16 février.

M. Claretie dit, — mais nous n'avons pu vérifier l'exactitude de cette allégation — que Lakanal fut enterré dans la fosse commune.

Le *Moniteur* du 17 contient les discours prononcés sur la tombe par MM. de Rémusat, Blanqui, Lélut et Carnot. Il nous a paru intéressant d'en reproduire les passages les plus saillants.

M. DE RÉMUSAT.

« Lakanal s'est uni à toutes les pensées de cette assemblée, de formidable mémoire, qui sacrifia tout à sa cause, même la justice, tout, excepté la grandeur de la patrie...

» Il restera présent à nos souvenirs ce vieillard grave et calme, dont les manières douces laissaient entrevoir l'énergie intérieure ; nous n'avions point de confrère plus exact, plus dévoué dans sa modestie silencieuse aux objets de nos études. Ses mœurs étaient simples ; son caractère, stoïque ; ses opinions, inébranlables. Invariablement fidèle aux pensées et aux souvenirs de sa jeunesse, son inflexible esprit avait résisté à toutes les épreuves. Son passé se lisait en quelque sorte sur son front sévère, mais sa vieillesse était sereine ; il aima jusqu'au dernier jour son pays, ses amis, les lettres, et quand le terme est venu, il a vu la mort sans crainte et sans regret.

M. BLANQUI.

« M. Lakanal semblait devoir rester plus longtemps parmi nous ; il n'avait, disait-il, que quatre-vingt-trois ans, et sa constitution robuste, fortifiée par le malheur et la tempérance, lui promettait de plus longs jours. Un moment de froid, de ce froid vif et soudain qui tue souvent les vieillards, le frappe d'un coup mortel sur le chemin de l'Institut... Il ne manquait pas plus à nos paisibles réunions qu'il n'avait manqué aux séances les plus orageuses de la Convention...

.... Cet homme, qui avait joué son rôle de soldat politique dans la Révolution et qui avait porté d'une main si ferme le sabre de conventionnel, préférait la plume et la retraite aux armes et à l'éclat. Il s'était familiarisé de bonne heure avec les écrits des anciens ; il les avait traduits avec une patience de bénédictin, et il nous citait, il y a trois jours à peine, sur ces grandes et mystérieuses questions de la Providence et de la Destinée future, des passages sublimes de Cicéron et de saint Augustin. Mais ce qui distingua surtout M. Lakanal, c'est le désintéressement et la fermeté stoïque de son caractère.

..... Lakanal est mort pauvre, de cette pauvreté qui eût effrayé une âme moins fière que la sienne et qui serait inexplicable chez un homme d'une vie si simple, si austère et si bien ordonnée, sans la connaissance de ses malheurs, de ses vingt ans d'exil et de son long séjour sur la terre étrangère. Encore est-ce vous qui lui avez rendu l'existence possible en France, en le rappelant dans votre sein et en lui restituant la modeste indemnité que nous tenons de la munificence de l'Etat. Sans votre intervention, le doyen de l'Institut et l'un de ses fondateurs, le conventionnel qui avait approvisionné et défendu nos places fortes, le créateur de vingt collèges, le défenseur des intérêts scientifiques au jour du danger, serait mort dans l'exil.

Il laisse une veuve et un jeune enfant que le pays adoptera, nous en avons la confiance. Nous appartenons à une génération riche et heureuse pour qui le désintéressement doit avoir au moins le charme d'une vertu antique. Prouvons, Messieurs, que nous sommes dignes de la comprendre en l'honorant, pour qu'elle n'ait pas tout à fait disparu de la terre le jour où la patrie en aura besoin.

Adieu donc, Lakanal, homme simple et doux, citoyen intègre, noble et ferme caractère, adieu. On ne pleure pas des hommes tels que toi, on les admire et on tâche de les imiter. »

M. LÉLUT.

M. Lélut fit connaître quelques traits que l'amitié seule avait pu recueillir; il rappela que Lakanal, né un 14 juillet, vingt-sept ans avant le jour où devait tomber la Bastille, aimait à confondre ces deux anniversaires; il insista sur tant de circonstances qui avaient mis en lumière les précieuses qualités de l'homme privé, et son infatigable dévouement à l'amitié, qui avait arraché cette parole à Ginguené : « *Je veux faire passer en proverbe : servir ses amis comme Lakanal.* »

M. CARNOT.

Enfin M. Carnot, héritier d'un nom dans lequel s'incarne pour ainsi dire le patriotisme de la Convention, termina, en ces termes, ces funèbres adieux :

« Lakanal appartenait à cette génération de courageux pionniers qui ouvrirent la tranchée dans les marais de l'ancien régime et qui jetèrent les fondations du nouveau. S'il est vrai, en effet, que la base la plus solide de l'édifice politique soit l'éducation nationale, Lakanal mérite particulièrement ce beau titre de fondateur ; car nul n'a consacré à l'éducation nationale des soins plus zélés et plus éclairés.

Vous venez d'entendre raconter sa vie laborieuse, cette vie si pleine de courage et de dévouement, si pleine aussi de cruels revers. Eh bien ! Lakanal disait encore il y a deux jours qu'il ne ferait pas autrement s'il avait à recommencer. J'ai vu mourir plusieurs de ses compagnons de révolution ; tous ont tenu le même langage, avec le même calme et la même confiance dans le jugement du pays, qu'ils savaient avoir bien servi.

» Cette grande famille patriotique sera bientôt descendue tout entière dans la tombe. Je m'enorgueillis trop de lui appartenir, pour ne pas réclamer comme un devoir filial le triste honneur de dire adieu à l'un de ses plus dignes membres.

Adieu donc, Lakanal! Tu auras ta part dans la reconnaissance de la patrie. Vieillard qui as vécu parmi les forts et qui as inscrit ton nom parmi leurs noms, repose en paix après tant de fatigues. Nous ne t'oublierons pas! »

L'oubli cependant devait venir, au moins pour un temps. Douze ans après, M. Mignet lut à l'Institut un éloge historique fort remarquable où revivait Lakanal, un peu sévèrement jugé peut-être au point de vue de la conduite politique, mais dignement loué pour son caractère et son intelligence; empruntons-lui ce portrait d'un grand style: « Il joignit beaucoup de bienveillance à beaucoup d'énergie. On était tout surpris d'entendre des paroles douces et flatteuses sortir de cette bouche sévère, et de trouver un si grand goût de plaire avec un visage si sérieux et sous un regard si défiant. L'expression contenue de son visage venait des temps terribles où il avait vécu, et ce qu'il laissait passer d'aimable ou de bon à travers sa rudesse venait de sa nature... »

Depuis lors et jusqu'à ces dernières années, on ne parla plus de Lakanal. La Révolution de 1848 avait accordé une bourse dans un lycée à son fils et servi à sa veuve une pension, qui, sous l'Empire, lui fut retirée ou réduite à un chiffre dérisoire. On trouvait bien de temps en temps sous la plume des historiens de la Révolution le nom sonore du grand conventionnel, mais sans détails sur sa vie si étrange et si bien remplie.

Enfin, il y a deux ans environ, sur la proposition de M. Jules Ferry, ministre de l'Instruction publique, le gouvernement servit à la veuve de Lakanal une pension plus digne des immenses services rendus par son mari à l'enseignement, sous toutes ses formes. Madame Lakanal ne profita guère de cet acte de tardive justice ; elle mourut peu de mois après.

Mais une réaction favorable s'est faite définitivemen contre l'oubli qui étouffait une si glorieuse mémoire ; plusieurs publicistes éclairèrent l'opinion publique à son sujet. Le conseil municipal de Paris a donné le nom de Lakanal à une rue ; celui de Moissac, à un boulevard ; la ville de Foix lui élève une statue.

C'est qu'en effet, sous la République, il n'est pas permis d'ignorer la vie et les actes de l'intègre et utile citoyen qui avait voué à cette forme de gouvernement une foi inébranlable ; malgré tant de désillusions, dont la dernière moitié de sa vie fut abreuvée, s'il eut la douleur de mourir sans revoir la République, « Lakanal y croyait encore ; les esprits ardents gardent leur premier enthousiasme, et les cœurs généreux ne se donnent bien qu'une fois ; aussi les espérances de sa jeunesse restèrent les rêves mélancoliques de ses vieux jours ». (Mignet.)

TABLE

www.ingramcontent.com/pod-product-compliance
Ingram Content Group UK Ltd.
Pitfield, Milton Keynes, MK11 3LW, UK
UKHW022030170726
13837UKWH00002B/511